family field
親子田

family field
親子田

family field
親子田

family field
親子田

愛孩子之前，先練習愛自己

當父母的內在成長，
孩子的學習也會突飛猛進

作者——徐安廷

譯者——尹嘉玄

前言

父母的信任將為孩子帶來奇蹟

究竟何謂教子有方？是否有一套標準答案？其實在我看來，人生沒有標準答案，育兒自然也沒有正確解答；然而，我還是再度提筆寫了這本育兒書，因為日前我在大邱電視臺《第三教室》節目中，參與錄製的〈不補習也能培養出三名菁英子女的育兒故事〉及〈孩子在各式各樣的經驗、對話、遊戲中成長〉單元，影片觀看次數至今已累積超過二十七萬次，我想，如此高的閱覽數字想必也是反映著社會大眾的心理，好奇一名平凡母親究竟是用何種方式培育出不同凡響的下一代吧！

兒時的我，經常需要承受父母的體罰與謾罵，他們會把難以消化的怨氣與憤怒宣洩在我和妹妹身上，父母的貶低一點一點啃食掉我的靈魂，久而久之，我成了低自尊的人。長大以後，我一直期望自己的下一代可以免於這樣的家庭教育，基於想要讓孩子的人生更幸福的信念，我花了許多心思去鑽研各種教養法。

養育三名女兒的過程中，我讀過一千五百本以上的親子教養書，原以為只要憑藉著養育第一胎時閱讀的書籍與實戰經驗，就能如法炮製在第二胎身上，沒想到老大和老二是性格截然不同的孩子；後來我又天真的以為，有了養育第一、二胎時的知識與實戰經驗，第三胎一定能得心應手，沒想到小女兒竟然也是和上面兩位姊姊性格大相逕庭的孩子。正因為三個孩子生性皆不同，使我不得不採取因材施教的策略，並為她們尋找個別最適合的育兒方式。

也許是這番努力感動了上蒼，我們家老大、老二和老三最終都如願進入了隸屬於教育廳的英才教育[1]，接受一連串的菁英栽培。認識我們的人一直都很好奇祕訣是什麼，其實日常生活、閱讀、生活體驗、溝通、家人的愛、玩樂等，這些都是促使三個孩子能夠順利進入菁英教育的共通家庭條件，但是與此同時，我們家三個孩子也都各有特色，散發著屬於自己的獨特色彩。

①是韓國專門重點培育菁英人才的機構，遍布全國各地，通常分兩種，一種由教育廳經營；另一種是附屬於大學。如果能夠進入英才教育院，將來在申請特目高、英才高或名門大學時，都能夠為自己的履歷增加優勢，脫穎而出，因此家長們無不想把孩子送進去。

如果有人請我分享養育三名女兒的心得，我會告訴對方，我讓大女兒接觸豐富多樣的書籍，面對她的青春期，也努力站在她的立場為她加油打氣、默默陪伴在側；至於二女兒則是依循她愛玩勝過於愛讀書的性格，尊重她個人的學習速度，不用一般的標準去強求她，多給予支持與鼓勵；面對小女兒，我一直都很努力選擇相信她、理解她的各種需求、允許她去做自己想做的事。當然，我也很努力打造適合三個孩子生活的環境，但是在我承認三個孩子天性不同、為他們打造適合各自的環境前，的確吃足了苦頭，不過或許也是因為我堅持尊重每個孩子與生俱來的特質，如今她們都保有自己的色彩。

這本書記錄著過去養育三名女兒——如願考上國際高中②的大女兒、科學高中的二女兒，以及升上一般高中的小女兒——的二十年育兒甘苦談。隨著她們一路從國小、國中升上高中，每段時期我所獲得的新領悟，以及隨著時間流逝讓我更有把握的那些教養心得、一定要與各位分享的故事等，統統都收錄於本書當中。

當然，比我更會栽培小孩的專家比比皆是，育兒達人也多如牛毛，但我之所以還是要寫這本書，是因為覺得養育三名小孩的心得只有自己獨享實在太可惜，我希望這些實戰經驗可以對於那些在現實生活裡苦惱不堪、不知該如何養育子女的父母有所幫助。雖然這樣的角色不一定非我不可，但是假如我的故事能使某人的家庭或親子關係更加緊密幸福，我也會感到與有榮焉。

除此之外，也希望期許自己能與孩子一同成長的父母、養育者，多少都能從我的經驗中找到一些方向。但願我的故事能對栽培子女這件事起到船舵的作用。

---

②南韓的高中類型多元，除了普通的綜合高中（一般高中）之外，還有特殊目的高中（如文中的國際高中及科學高中）、英才高中、自律型高中（簡稱自立高或自私高）、特性化高中等。

目錄

第一章

與其稱讚九十九件事，不如真心相信孩子

不要用嫌棄的眼光看待還有許多不足之處的孩子，你只要持續用愛灌溉，欣然接受他們當下的狀態即可。

首次挑戰讀書的孩子

「媽，妳覺得我能把書讀好嗎？」

二女兒就讀國小六年級時，某個秋天，她放學一回到家，便滿臉憂愁地向我問道。其實二女兒從小就一直夢想當一名鋼琴家，對讀書沒什麼興趣，也不是很擅長，所以我不免好奇。

「當然囉！妳怎麼會突然問我這個問題呢？」

「今天班導師問我們，誰想上藝術國中？結果完全沒有人舉手。媽妳也知道，我非常想成為鋼琴家，結果就連我都猶豫了一會兒，最終還是選擇沒有舉手。」

「為什麼？」

「假如真的選擇去讀藝術國中，應該就是確定走鋼琴家這條路了，除非有什麼意外才另當別論，對吧？可是我又覺得這樣好像有點可惜，畢竟到目前為止，除了彈鋼琴以外，我好像也從來沒有認真嘗試投入其他事情，假如我在尚未挑戰過其他事物、不全然了解自己有無其他可能的情況下，就貿然決定一輩子彈琴的話，這樣的決定真的正確嗎？所以我想要暫停鋼琴課一段時間，嘗試認真讀書，但我不確定自己是不是讀書的料，所以才想問問看妳的意見。」

那天，我稱讚了孩子的想法，並全力支持她嘗試挑戰讀書這件事，為她加油打氣。我告訴她，要是上了國中以後發現自己依然不適合讀書，到時候再繼續深造鋼琴或者另謀出路也無妨。

不久後，孩子告訴我她想要報考英才教育院，坦白說，我聽到的當下心中只浮現想要勸退的念頭，因為我不想看到她落榜難過的樣子，但是隨著一次又一次的反對，不禁讓我反省檢討自己的行為，總覺得孩子遲早會發現母親是因為擔心她落榜、不看好她而極力勸阻。

後來，孩子雖然只有簡單準備資料及考試，便報考了英才教育院，最後很幸運地收到了合格通知，自那時起，她就開始用自己的腳步逐漸建立學習習慣；國二的她，比國一還要認真投入學校生活；高中的她，也比國中時更用心走自己選擇的道路。

由於二女兒一直以來都是更重視玩樂、睡眠勝過學習的孩子，因此，當我看見她願意做出這樣的改變並達成目標時，倍感欣慰之餘也不免感到神奇，我很開心當初設定的育兒方向——將她培養成相信自己能做到、能夠體驗成就感的孩子——是正確的，當時為她付出的那些努力與實踐，其實都是別具意義的嘗試，沒有付諸流水。就算孩子當下對讀書學習不感興趣、不擅長，只要她某天下定決心要挑戰，還是完全可以做得到。

然而，這段過程也並非一帆風順，二女兒剛上國中時就曾發生過一件事。必須適應新學校的她，經常對我喊累，因為尷尬的通勤距離加上公車路線，使她每天都必須背著沉重的書包步行一個多小時，下午五點多放學回到家，也會累到直接趴在床上放鬆休息，吃完晚餐更是累到直接睡著，到了晚上九點應她要求將她搖醒，卻睡到不省人事，直到十點左右，才會睡眼惺忪地睜開眼睛，然後難過地抱頭痛哭。

「我早上那麼早起床去學校，又上了一整天的課，晚上好不容易回到家，才吃幾口飯，一覺醒來天就黑了！媽，我真的好難過！什麼都沒玩到，天就已經黑了！怎麼辦，我好想出去玩！」

當時我看著她，總覺得她好像只有身體是國中生，內心卻還停留在國小階段，但是從她的立場來看，的確會心有不甘，畢竟從原本只有玩樂的國小生活，一夕之間變成了需要早起上學、上課時數變長的生活，還要毫無怨言地日復一日徒步往返那段漫長上學路，都已經這麼努力適應了，最後竟然連一段盡情玩樂的時間都沒有，可想而知她有多麼的沮喪。當我用這樣的角度去同理她以後，每當她深夜醒來哭泣時，都會替她感到不捨，一方面覺得憐愛，一方面又替她感到擔心。

後來，她逐漸按照自己的腳步設立目標、成長進步。每次看她認真努力的樣子都會倍感欣慰，我也會大方稱讚表揚她。

「賢芝，妳在讀書嗎？好厲害啊！都還沒到期中考，妳就已經自動自發認真讀書了，實在太懂事，好了不起！」

「媽，我決定今年要再努力一下，去年我都只有考試期間才讀書，去英才教育院也只是上課而已，也不複習。去年我在英才教育院結業式上看見，原來還會選出優秀學生上臺領獎，讓我好羨慕，所以今年我給自己訂了一個目標：一定要被選為優秀學生！我會在當天把上課內容重新整理在筆記本上，要是有不懂的部分就問老師，或者自己上網查，想盡辦法搞懂。」

聽完她這麼說，不禁令我懷疑：「這真的是一年前那個孩子嗎？」然後又繼續稱讚她：「哇，這是很棒的觀念！媽覺得妳很懂事，非常棒！」

我想要報名科學高中

二女兒在國中開學前的那個冬天，獨自在家預習了約莫一學期的國中數學，她和大女兒一樣，先買一本教材回來，自己試著理解概念及原理，確定理解了以後再嘗試解題；要是在解題過程中遇到不會的問題，就會休息片刻，過一段時間再重新嘗試；要是經過多次努力都還是解不出題目，就等隔天再次挑戰，這是把重點放在自行思考而非追求解題量的學習方法，而我之所以會鼓勵女兒用這種方式學習，並不是因為我特別了解數學或是有一套育兒哲學，完全是按照二女兒的天性所選擇的學習方針。

因為我知道，對於過去從未認真經營課業的二女兒來說，如果採用追求解題量的學習方式，一定會使她非常痛苦，本來玩樂的時間就已經所剩無幾了，要是再被繁重的習題占滿，我擔心她會在起步前，就先被龐大的學習量嚇得打退堂鼓、輕言放棄，所以我把目標設定成：讓女兒既能維持在最少量的學習，但又有助於她持之以恆，繼續對學習保有熱情。這其實也是經過一連串的嘗試，才讓我找出女兒的天性，進而搭配最適合她的有效學習方式。

由於二女兒較晚才開始讀書，心態上難免有些急躁。我每次問她一天的進度，都會發現她把目標設定得非常龐大，超出她能力所及，因此我很清楚她是個想法很多卻缺乏實踐力的孩子，經常是虎頭蛇尾，三分鐘熱度，最後也不了了之。所以我希望至少在讀書這件事情上，可以讓她多累積一些成功經驗，重質不重量，鼓勵她把重點放在「數學是一門重視思考邏輯的學問，而非追求解題速度的科目」，並以此為核心去安排自己的學習計畫。

像我大女兒，就是用全然相反的方式安排讀書計畫。她曾經為每日讀書計畫表時間太短這件事感到焦慮不安——她是屬於比較晚才開始學英文的小孩，本來應該一天讀一本英文書、複習一點文法、聽聽英文光碟就足夠，但是為了尊重孩子的意願，我只好幫她增加學習教材及學習方法，比如，一天背多少單字、閱讀兩本習題裡的文章、閱讀幾本簡短的故事書、收看約半小時左右的美劇等，讓她的讀書計畫表上看起來好像增加許多項目，實際上的學習量還是維持在少量的程度。

所幸孩子們都能按照適合自己的學習方式，循序漸進地完成各項進度，尤其二女兒曾對我說，她很喜歡投入時間自行解決問題後，所體會到的那份喜悅，於是，她就是利用這種方式一點一滴累積出對數學的興趣，甚至在國二那年冬天親口告訴我她想要成為一名數學家。

就如同我在第四本著作《菁英指南書：如何激發出孩子的偉大力量》中公開過的內容，二女兒是我三個孩子當中最令人操心的，國小時期完全看不出她有任何表現突出或亮眼的地方，甚至還被幼稚園老師說過她從未見過如此聽不懂人話的孩子，但是這樣不折不扣的「比起學習，更愛玩耍」的二女兒，某天竟突然對我說想要上科學高中——通常都是從國小低年級就開始補習的孩子，才有辦法上科學高中——坦白說我聽到的當下，腦袋一片空白，不知該做何反應，但我最終還是一如往常選擇相信孩子有她自己喜歡及想走的路，並給予支持和鼓勵，儘量不用自己的標準去評價她。

但也不能就此放手讓她一頭熱地去挑戰，所以我還是有對她說：「那我們就趁這次寒假的時候來測試看看，妳到底有沒有申請科學高中的條件好了。妳願意利用寒假時間，盡妳所能挑戰看看可以完成多少數學進度嗎？」

她用充滿鬥志的眼神給了我正面回應，於是整個寒假期間，她就真的整日埋首苦讀，除了睡覺、吃飯和短暫的休息外，每天都會讀十二到十四小時的書，將中級數學的所有進度自習完成。除此之外，她還在沒有網路課程的輔助下，獨自解完高級數學，甚至靠著收看電視上的教育節目自行預習科學，全程都是在自己的主導下進行學習。

其實她在寫高級數學題目時，寫得非常辛苦，原以為自己已經把所有概念都搞懂了，但是一到實際解題，卻發現不知該從何下手、該套用什麼公式，每次遇到瓶頸時，她都會哭著嚷嚷：「我可能不像姊姊一樣聰明，所以需要更多時間，怎麼辦？我已經很慢了，這麼多功課什麼時候才能完成？為什麼我這麼笨？妳怎麼不把我生得跟姊姊一樣聰明？」

每當遇到這種情形，我都會儘量同理她的感受、給予安慰，「題目解不出來很難過吧，高級數學和中級數學很不一樣吼？跟著每天的進度走，發現自己一天只能解幾頁題目自然會很焦慮。但是賢芝啊，媽想要告訴妳，解多少題目真的一點也不重要，重要的是妳在解題過程中，動腦思考了多久，這些過程才會使妳愈來愈進步。就像妳現在都是自己認真動腦思考，媽相信妳的大腦一定會愈來愈聰明！」

身為旁觀的加油團，我看著孩子如此認真努力，只覺得自己應該要盡可能幫她提高士氣，並幫忙蒐集報名科學高中所需的各種資訊──從遞出申請書開始到放榜為止，耗時約莫四個月的層層入學關卡。然而，像我們這種平凡家庭要蒐集到這些考試資訊並不容易，每次問不同人都會得到不同答案，曾經一度迷失了方向，所以我當時做了一個決定：尋求專業機構的協助。那是我第一次送孩子去補習班補習。

於是在國三那年暑假，二女兒上了一個月專門為準備報考科學高中的學生所開設的數學、科學總複習班，九、十月則是每週去一次補習班，為考前進行最後衝刺，最終一切的辛苦有了甜美的結果，在十二月初收到了學校的錄取通知。

不畏挑戰的孩子

二女兒就讀國小六年級時，曾經自學英文三個月。每天都讀三本很薄的英文故事書（十頁以內，每頁只有四到七個單字組成的一兩句英文），專心聽一本、自己念兩本。

某天，她對我說：「媽，我從放學後到上鋼琴課為止，不是會有三十分鐘左右的空檔嗎？我都會利用那段時間去學校圖書館看書，最近看的是英文書喔！」

「喔？妳看了哪些書呢？」

「我看了英文版的《神奇樹屋》。」

當下我愣住了，因為二女兒當時在家裡閱讀的英文書都是程度非常簡單、只由一兩句英文組成、薄薄幾頁的童書，怎麼可能主動翻閱又大又厚的英文故事書呢？這令我百思不得其解，一方面感到詫異，另一方面也讚許她的勇氣，所以我還是誇獎她一番。

結果女兒告訴我：「沒有啦，媽，那本書只是比較厚而已，但內容非常簡單，和我在家裡讀的英文書程度一模一樣。」

原來孩子並不恐懼書有多厚，純粹只是好奇書裡有什麼內容。

在她國小五年級時，英文老師曾經問過班上同學：覺得英文有趣的人請舉手，有幾名同學舉了手，當時她看著那些舉手同學，心想：「哇，他們都是如何對英文產生好感的呢？我也好想知道方法！」神奇的是，我的二女兒總是對學習毫不畏懼。

以我個人養育小孩二十年的經驗來看，孩子能有這樣的心態著實不易。像我大女兒，四歲閱讀《希臘神話》、五歲閱讀韓國歷史、七歲閱讀《蘇格拉底的申辯》，由於大女兒一直都是勤勉好學的態度，所以即便我表面上沒有多做表示，其實內心還是暗自對她有所期待；然而，隨著大女兒日漸長大，我反而最擔心她的學習問題。

猶記大女兒就讀國中時，那天她一如往常帶著全校第一名成績回來，二女兒當時也因成績進步而表現得欣喜若狂，大女兒對我說：「我每次都是拿全校第一名回來，但是每次考試還是會戰戰兢兢的，深怕自己保不住第一名，賢芝的名次沒有我好，但她總是很開心。」

二女兒是三個孩子當中，唯一不懼挑戰的孩子，我曾經看著這樣的她，思考過究竟是什麼原因讓她形成這樣的特質，「明明都是在同樣的家庭環境長大，為什麼只有二女兒對學習毫不畏懼？論讀書能力，其實她是三個孩子當中最差的，到底是哪裡來的自信讓她充滿好奇、勇於挑戰？」

最終我得出的結論是：我從未苛責過二女兒。因為我總是告訴自己，要是連我也去否定各方面都稍嫌不足的孩子，批評她、數落她，只會讓她更畏縮，最後可能對任何事情都提不起勁，變得負面消極；因此不論發生任何事，我都選擇不責怪、不批評，只要表現好一點，我就大力給予稱讚。**正因為從未對她抱有期待，所以也從未給過她任何壓力，只有努力欣賞她的存在本身。**雖然一開始並不容易，但是我一直提醒自己努力去看見她的美好。

比稱讚方式更重要的事

有些親子教養書作者會提出應當正確稱讚孩子的主張，比方說，如果只稱讚孩子的結果：「哇，你好棒喔！」久而久之，孩子就會變得害怕失敗、抗拒冒險，因為會預期一定要表現好才會得到父母的稱讚；反之，如果是稱讚孩子的努力過程：「你好努力喔，果然有進步！」孩子就會願意繼續嘗試、不畏懼挑戰。但其實自從大女兒上國小以後，我就幾乎不再稱讚她；對二女兒則是毫不吝嗇地稱讚她的成果，「做得好！非常棒！」所以其實我的育兒方式，並不符合這些親子教養書所強調的教育理念。

截至目前為止，我從未責罵過二女兒一次，儘管她平時不怎麼讀書，每到學校放假，作息還會日夜顛倒，經常都是接近天亮才睡覺，我也沒責罵過她；日常生活中，她的動作非常緩慢、容易丟三落四、書包裡亂得跟垃圾桶沒兩樣，我也從未有過半句苛責；國小期間幾乎天天都在玩耍不愛學習，我根本沒有多加理會，至少對二女兒我從未叨念過：「是不是好該讀書了啊？」、「我都說過多少次了，怎麼還是這樣！」等這些話。

我反而覺得，這孩子好像在各個面向都比別人稍嫌不足，所以暗自下定決心，至少做母親的我，不要再對她多做批評，要是連我也挑剔她，這孩子可能就真的會貶低自己、把自己當成一無是處的人，所以每當她表現得比平常好一點點，我就會給予極度誇張的稱讚，也許正因為從未對她有過任何期待，所以才有辦法做到發自內心的稱讚，不論稱讚的方式對或錯、好或壞，我都是發自內心地稱讚她。要是她因為挑戰失敗而氣餒，我就會告訴她「每個人都不可能挑戰一次就成功」，發自內心替她加油打氣，努力讓她重新振作。

但是大女兒的情形就不一樣了，我當時真的非常努力栽培她，她也像是在回報我所投入的努力般長得亭亭玉立，各方面都給人前途無量的感覺，所以我對她的期待也在不知不覺中緩緩攀升。不知從何時起，她在學校領獎回來，我會認為是理所當然，也認為全校第一名本來就是她該得的成績。雖然我努力隱藏內心的不滿足，儘量不顯現於表面，但大女兒還是一眼看穿了我的心思。

每當覺得大女兒好像沒有投入足夠的努力時，我都會一忍再忍，最後無意間對她脫口而出：「妳的競爭對手絕對不是只有學校裡的那些同學，而是全國無數個全校第一名」這種傷人話語，可見不論我多麼努力克制，都難以隱藏內心對大女兒的期望。於是就在一次又一次不經意的情況下，說出了被我壓抑已久的內心話，聰明的孩子也把那些傷人話語統統放進了心裡，承受不少壓力。

有鑑於此，在我看來，**也許發自內心的稱讚，可能遠比探究用什麼方式稱讚小孩更為重要。不論是稱讚孩子的過程還是結果，更重要的是隱藏在那些稱讚背後的大人真實心聲**，因為那些心聲遲早會被孩子看穿。

就好比二女兒某天表現得比較好，我就會因為從未對她抱持過任何期待而不自覺地流露出喜悅之情，並且自然而然地做出「天啊！妳也太厲害了吧，好帥喔！我們家的賢芝實在了不起！」這種反應，這些話我相信一定也有如實傳遞到她的心中；但是當我面對拿到全校第一名的大女兒，雖然我嘴上說：「好棒喔！我的蓮秀，辛苦妳了！」也起不到任何作用，因為在這句稱讚背後隱藏著「是啊，這次又拿了全校第一名，畢竟我這麼用心栽培妳，當然要拿第一囉，這才是我的蓮秀啊。」這樣的真實想法與情感，並在我毫無意識的狀態下傳遞到她的心中，不論是透過我的情緒、說話口氣，還是肢體動作、眉眼間流露出的訊息等，都能被孩子識破。

稱讚能讓孩子相信自我能力

大女兒還很小的時候，我讀過好幾本育兒書，當時我對一本講述卡爾・威特（Karl Witte）教育理念的書，產生了強烈共鳴。

其中最讓我印象深刻的段落是，作者提到周遭人們看著年幼的兒子被栽培得聰明伶俐，開始對兒子讚譽有加一事，由於作者擔心孩子經常受人誇讚，容易發展出傲慢無禮、目中無人的態度，所以為了平衡，作者暗自下定決心，至少父母自己要減少對孩子的稱讚才行，這部分讓我深有同感，因為我也是打從心底鄙視那些自視甚高、自以為是的人，所以可以感同身受作者的用意，於是我也一樣暗自決定，要減少稱讚孩子聰明伶俐的部分，並身體力行貫徹這樣的理念，尤其從孩子第一次在學校得獎回來開始。

然而事隔十六年後，我才知道原來寶貝女兒因我當時的錯誤判斷，使她內心受到了極大傷害。

永遠得不到母親誇獎的小孩，對自己的能力極度沒有自信，有時會自賣自誇，有時又陷入自我懷疑，像浮萍一樣游移不定。根據大女兒的說法，得不到稱讚卻依然渴望稱讚的她，長年以來都是把焦點放在如何得到媽媽的愛與認可，後來她自行找到的結論是：只要自己更優秀、更厲害、表現得更棒，或許就能得到母親的稱讚，於是她更竭盡所能地去達成所有事情，小至上課畫重點、剪貼勞作等簡單又基本的作業，都全力以赴。

後來升上國中之後，她認真投入學業，屢屢拿下全校第一名佳績，舉凡學校安排的各種大會比賽，不論是數學、申論、英語、科學、漢字、海報設計等，她都一定會拿個獎座回來，可惜在那段期間，我幾乎不怎麼稱讚她。

儘管她付出那麼多的努力、達成無數項驚人成就，但是看著守口如瓶不願多做讚美的母親，孩子只會告訴自己「看來要再更努力」、「要成為更傑出的人」。然而，當她已經得到所有的成就，卻仍得不到母親的稱讚時，她不禁動了這樣的念頭：「那就來挑戰完全不讀書，裸考拿到全校第一名好了，這應該會是足以令母親刮目相看的事吧。」最終，她的確也挑戰成功，但是沒有等到引頸期盼的稱讚，反而換來我更多的操心。

透過大女兒的案例讓我領悟到，**原來父母的稱讚是讓孩子相信自我能力的根源**，孩子不論受到多少肯定，最終還是要透過父母，才有辦法確信自己究竟是否值得接受這些稱讚，否則就會一直對自己的能力沒自信、打問號，我是透過這段慘痛經驗才領悟到這項事實。

經過好長一段時間的自省，我才發現原來從小不被父母認同和稱讚的我，竟然在無意間也將這樣的傷害傳給了下一代，自己之所以對卡爾．威特的「不稱讚」有著強烈共鳴、打從心底鄙視那些自以為是的人，原來也是因為**內心深處住著那個尚未長大的「受傷小孩」**。

給予孩子正能量的畫面想像訓練

二女兒雖然不畏懼學習，但也不表示每次挑戰都一帆風順，她同樣經歷過重重難關，尤其是在準備科學高中入學考試時承受了不少壓力；國三那年的八月底，要交一份自我介紹書，從完成第一關書面審核開始，到第二關抽查面試——面試官會從九月至十一月止，不定期到通過第一關書面審核的學生就讀的學校進行突襲面試，藉此測驗孩子平日真正實力。最後一關是團體面試，也就是請所有通過第二關面試的學生到科學高中集合，進行最後一關面試（這是二女兒當時的入學流程）。

當時二女兒對於第二關面試倍感壓力，由於不確定面試官會在哪一天突然親臨學校，所以每天都過著提心吊膽的生活，片刻不得鬆懈，再加上平日還要應付學校的期中考，週末也要去英才教育院及補習班上課，放學後還要去練習從國一就開始學的伽倻琴（韓國傳統樂器），同時準備比賽，整個人呈現精疲力竭的狀態。

儘管我建議她，不妨排定事情的優先順序，但她還是放不下每一件事，只能想盡辦法善用一天二十四小時，將時間擠了又擠，生活過得苦不堪言，就這樣熬過了地獄般的九月和十月，卻遲遲等不到面試官來，等到她已經意志全消。

她每晚睡前和早晨出門前，都會想著「今天面試官會不會來？」，然後日復一日又帶著「看來不是今天」的結果回家，就連做母親的我看了都十分心疼，只希望自己多少可以幫她減輕一些緊張與負擔。

因此，我選擇每晚躺在她身邊對她說：「賢芝啊，妳一定很焦慮吧，要是我應該也會和妳一樣每天緊張的要命吧，畢竟連個確切日期都沒有，面試官隨時都有可能來面試。不過我相信妳一定會面試得非常順利，妳可以想像一下媽現在對妳說的話。來，明天面試官應該不會去學校找妳，這是我的預感，這星期也不會去，應該要等到下星期他們才會去找妳。

「在妳坐在教室時，導師會走到妳身邊，輕輕告訴妳：『賢芝，今天面試官會來喔，做好準備吧！』然後妳會突然心跳加速，心想著：『怎麼辦？該怎麼辦才好？』

「但是過沒多久妳很快就會找回平靜，非常平靜，呼～吐一口長氣，再吸～深吸一口氣，現在妳的心情已經很平靜了。面試官當中的數學老師會先問妳問題，應該是從自我介紹書中挑幾個題目來問，妳也做好了充分準備，所以沒什麼好怕的，一定能有條不紊地清楚說出準備已久的回答，補習班老師不也說妳的數學實力很好嗎？還記得吧？老師說妳的數學解題方式非常有創意，去年補習班裡實力最好的學生，最後也有順利面試上科學高中，老師不是說妳和那個學生很像嗎？（這個部分是為了增加孩子的自信，將補習班老師對她的誇獎放大傳遞給她）

「比起用同一個模子刻出來的學生，我相信面試官一定會錄取妳這種極具創意、用特殊方式解數學題的學生，所以別擔心、別害怕，也不用因為沒有回答得快速流暢而氣餒，只要發揮平常實力，把妳的想法傳遞清楚就好，知道了嗎？

「來，妳繼續想像，面試官聽完妳的回答後露出了驚嘆的表情，原來妳就是他萬裡挑一要找的那個人才！但是礙於面試中不能太喜形於色，所以他故意擺出一臉沉思的表情，努力壓抑內心的驚喜，妳千萬不要被那表情騙了，繼續做自己、表現穩定就好。接下來換科學老師要問妳問題，結果沒想到他問的問題剛好是妳有準備的，簡直被妳賺到！」

我就是像這樣每晚躺在孩子身邊，盡可能將面試畫面描述得具體又生動，讓她可以安心。比起孩子的缺點，我把優點放大，想盡辦法讓她能具體想像我所描述的面試現場，就如同奧運選手會進行心象化訓練一樣，我努力把場景描述得栩栩如生，讓她能身歷其境。

可能這樣的方式奏效了，自此之後，二女兒變得比較能安穩入眠。等待抽訪面試的兩個月期間，以及等待面試結果通知的期間，每當她內心忐忑不安時，都會跑來對我說：「媽，快來躺我旁邊，再跟我練習一些畫面想像訓練。」

讓焦慮的孩子回來小憩

二女兒順利面試上科學高中以後，即便參加完新生始業式，且已經正式入學，她還是經常感到焦慮不安。

「媽，我好像不應該申請科學高中，要是我在裡面成績墊底的話怎麼辦？我聽同學和學長姊分享他們的故事，擔心我不像他們一樣有所準備。我想要加入數學社團，但是聽說要通過考試，並按照成績排名篩選，每個人基本上都已經會幾何向量，而且都是一些沒考上英才高中③但數學非常厲害的學生參加那個社團，我該怎麼辦才好呢？我也好想加入那個社團。

「媽，我的科學也慘了，我問過學長姊，開學前上完 EBS 網路課程、解完 HIGH-TOP 習題是不是就足夠，結果他們都搖頭說：『應該不夠喔，還要先預習大學課本才行。』怎麼辦呢？更令我擔心的是，聽說之後還要自己訂定實驗主題、寫報告、進行實驗，媽，那些對我來說都好困難，完全不知道怎麼做，一點自信都沒有。

③英才高中是針對數理領域進行專業教學的資優高中，入學的門檻較高。

「媽，我們學校有個數學時鐘，和一般時鐘不一樣的是，它上面寫著數學公式，我看見時只覺得好神奇，但是同學們竟然開始解那些數學公式！他們都好不一樣喔，我從來沒見過這種人，我該怎麼辦呢？」

每當我聽到二女兒的不安時，我都會努力嘗試站在她的立場思考：她懷疑自己究竟有多少能耐，卻又非常渴望能有好表現，當她發現原來自己準備的程度遠遠不足於別人、可能從現在起就要認真投入課業時，身心卻又追趕不上腦袋的想法，所以又再度陷入惴惴不安的情緒當中……。

在這段痛苦煎熬的日子裡，我也曾多次建議女兒要不要考慮轉學到一般高中，但是她所展現的態度，每次都讓我感受到，其實孩子真正想要的並不是轉學，而是能夠真正適應科學高中的方法，所以我也漸漸收起己見，轉而選擇更尊重孩子的意見。與其擔心孩子有沒有辦法進入自己夢寐以求的大學，不如默默跟隨孩子的腳步，支持她、陪伴她。

最終，我能為她做的事情只剩下同理和鼓勵，以及提供實際的解決對策，或者持續為她加油打氣，好讓她能身體力行、堅持到底。我從不拿她與其他人做比較，反而對她說一些我自己在難過痛苦時想聽的安慰話語，好讓她可以安心依照自己的速度持續向前邁進。

「我最愛的寶貝，好好加油喔，雖然妳可能會覺得現在度日如年，彷彿人生就只能如此，感到絕望無比，但其實老天會在每個人的人生中，安插幾份大禮，妳只要不輕言放棄，好好向前走，自然會遇見那些禮物。媽媽愛妳喔！記得難受的時候，隨時都可以來找媽媽痛哭一場，哭完以後我們再重新開始就好，媽媽永遠是站在妳這邊的喔！」

其實迄今為止，我從未思考過在韓國的現實環境裡，要讓孩子上哪一所大學才會對她將來有利；為了上該所大學，高中又要選讀哪一間名校才比較有機會；為了在高中生存下來，又要提前學習多少進度等問題。

如果有人問我這二十年的育兒生涯裡最大的心得是什麼，我會回答：只要孩子想做什麼，我們用一顆充滿熱情的心去呼應、跟隨他們即可。即便自己不甚完美，也不必因為給不起小孩而感到痛心難過，只要盡自己所能提供孩子資源，孩子就會有好的發展。我一直都是真心相信孩子的，而她們也讓我看見，**原來我相信孩子多少，孩子就會成長多少**。

二女兒學會不定時回到我們身邊喘口氣、小歇片刻再重新整裝出發，結果在她進入科學高中第三學期時，便拿下全校第一名的佳績，實現了她一直以來的夢想——成為學校裡的傳奇人物。像這種原以為根本不可能發生的事情，竟然在不抱任何期望的狀態下，只是默默緊跟孩子的步伐，就出人意料地實現了。

相信的力量

知名心理學講師凱莉・麥克高尼戈爾（Kelly McGonigal）曾在ＴＥＤ演講中提及一項關於壓力的新觀點，她研究調查長達八年，以美國三萬名成人為對象，詢問這些人在過去一年經歷了多少壓力，且是否相信壓力對健康有害的論點，然後隔一段時間再去追蹤這些人的後續。

研究結果顯示，經歷較多壓力的人比經歷較少壓力的人死亡風險高出百分之四十三，但這只適用於「深信壓力對健康有害」的人；換言之，不認為壓力對健康有害的人，與死亡率的起伏幾乎無關。也就是說，在經歷壓力的人當中，只有「深信壓力對健康有害」的人，死亡率才會高出百分之四十三。

此外，哈佛大學研究團隊進行的一項實驗，他們先對受試者進行「壓力對健康有益」的教育後，再去確認他們的血管，結果驚訝地發現，沒有接受教育的人暴露在壓力環境當中時，血管會變窄，還出現各種心血管疾病，但是接受過教育的人，血管反而會變寬；以上兩項研究結果顯示：人會根據個人信念，活出截然不同的人生。

其實養育子女也是一樣的道理，天下父母對子女的期望自然是永無止境，但是我們沒有必要為了避免明天淋雨，今天就開始撐傘吧？不要用嫌棄挑剔的眼光，去看待現階段還有許多不足的孩子，只要幫助他們找到屬於自己的道路，引導他們、推他們一把，孩子就會相信自己的潛能，長成自己的樣貌。你只要持續用愛灌溉，欣然接受他們當下的狀態即可。

母親的功課①

幸福的父母才會養出幸福的孩子

什麼時候會讓妳感到幸福？經歷哪些事情時，會讓妳感覺被愛呢？

想要用心煮一頓飯給心愛的人吃、不想讓對方餓著、盡可能讓對方吃健康營養的食物、帶對方去看美麗風景、買對方想要的物品、想與對方整天膩在一起，其實這些情感都屬於愛意，不妨試著將上述的「對方」改成自己，妳充分具有這樣的資格，值得被如此善待，因為妳是孩子在這世上唯一的母親。

當妳習慣壓抑自己的需求，想盡辦法多買一件物品給寶貝孩子時，久而久之，只要小孩表現不好、令妳失望，就容易把隱忍已久的怒火出在孩子身上，說出「我這麼辛苦養你，你怎麼能這樣對我」這種話，並在孩子心中留下難以抹滅的傷害。因此，為了小孩也為了自己，記得先讓自己幸福。幸福的父母會養出幸福的孩子，孩子會看著父母的背影長大，所以先滿足自己的需求絕對不是什麼自私的行為，而是讓自己成為榜樣，告訴孩子一定要幸福。

妳喜歡吃什麼呢？是否總是為了配合家人和孩子的口味，自己隨便吃吃就好？今天不妨吃點自己真正想吃的東西吧，為一樣珍貴的自己，也為過去努力咬牙過日子的自己，不論結果是好是壞，只為勞苦功高的自己，選妳想吃的食物飽餐一頓吧！吃飯時千萬別忘了對自己說聲：「辛苦了！」

一個在媽媽懷裡受寵的孩子，終生都會保持一種征服慾，那種成功的自信，往往帶來真正的成功。

——西格蒙德・佛洛伊德（Sigmund Freud）

第二章

面對孩子的學習，只需溫暖陪伴、積極觀望

父母該做的事情，不是提升孩子的能力，而是回頭檢視自己面對人生的態度。

如何養成寫作業的習慣？

自從我們家三個孩子週末去英才教育院上課，高中也都就讀屬於「特目高」④的國際高中與科學高中以後，大家經常對我和孩子有各種誤會，其中尤其以「我們家的孩子都會自動自發完成她們該做的事」這件事誤會最深，事實上絕對不是這麼回事。我們家的小孩極其平凡，我純粹只是因為嘮叨她們去讀書、要早睡，她們也不會聽話，為了避免自己老是白費口舌，才會選擇放棄叨念。

然而，我也並非毫無作為，在她們還小的時候，我努力幫她們打好基礎，從三個孩子紛紛入學開始，我便樹立了「從經驗中學習」的生活指南，並盡力落實。

像大女兒就讀國小以後，有一陣子每天都為了寫作業傷透腦筋。因為一直以來我都是教導孩子，自己的事情要自己負責，這是最基本的習慣，比方說，自己準備好隔天要去幼稚園穿的衣服，吃完飯後也要把自己的飯碗、餐具等拿去水槽放好，但是由於寫作業是從未做過的事，所以相對來說較難做得好。

當時她每天放學後就開心地玩耍，吃完晚餐繼續玩，再讀幾本書，一天很快就過去了，馬上就要準備上床睡覺，可是每到入睡前，大女兒都會一臉錯愕地坐在書桌前，想起自己還有未完成的作業，然後在已經耗盡的體力與非做不可的作業之間來回糾結，每次都是心煩氣躁地將作業痛苦寫完。看著她每晚都要經歷這樣的掙扎，我也逐漸失去耐性，嘴巴一直蠢蠢欲動，很想唸她一句：「所以妳應該先做完作業再玩啊！」不過我清楚知道，孩子並不會因為父母嘮叨而長大，所以還是堅持選擇沉默不語。

於是，有段時期我就這樣天天看著她為作業所苦，前前後後觀察了兩三週，讓她自己深刻體會把該做的事情拖到最後一刻再做是多麼痛苦的一件事。直到某天，我主動靠近依然在為太晚寫作業而苦的大女兒身旁，先去試著同理她的感受。

「寶貝女兒，作業寫到這麼晚一定很累吧？妳每天都要早起去上學、讀書、和妹妹玩，體力都快耗盡的時候還要寫作業，是不是打不起精神了呢？媽媽真的好心疼妳喔。」

④特目高，全稱為特殊目的高中。此類高中以培育特殊領域的專業人才為教學重點，因此有科學、外語、藝術、體育以及國際高中等。南韓的特目高被視為是進入一流大學的跳板，而非僅止於技職教育。

「對啊，媽媽，我好累喔。」

「那妳先去睡吧，明天再早點起來寫作業如何？」

「不要，媽媽，我不想要一早起來寫作業，再累我也要現在把它寫完。」

「是嗎？妳會想要今日事今日畢很棒喔！（過一會兒）話說回來，媽看妳每天揉著快要闔上的眼皮寫作業，心裡實在難受，妳覺得有沒有什麼方法，可以讓自己更簡單又有效率地完成作業呢？」

「要是有這種方法就好了，我應該會馬上照做。」

「媽媽覺得，應該是因為妳都還在體力耗盡的晚上才開始寫作業，所以才會這麼辛苦，還是說，妳要不要嘗試看看，趁白天還有比較多體力時先寫作業呢？趁身體還沒那麼累的時候寫，心情應該也比較不會這麼煩躁。」

「是喔？」

「嗯，這只是媽的看法，畢竟妳已經很多次這麼晚寫作業了，這次不妨嘗試看看天黑前就先把作業寫完吧，要是試過覺得不喜歡，之後再調整方法也可以。妳想要在哪個時段寫作業呢？放學一回到家就馬上寫？還是等吃完晚餐就來寫作業？」

「那我選吃完晚餐寫好了，因為放學回到家通常都只想休息。」

「好啊，這是個好主意，明天開始就來試試看吧。」

我看著孩子自己進行，並同理她的痛苦，再提供幾個方案給她做選擇，讓孩子可以自己做決定。當然，之後她並沒有完全遵守「吃完晚餐就開始寫作業」的約定，但與其去責罵她為何不信守承諾，不如努力接受孩子年紀尚小的事實，通常這時只要對孩子說一句：「喔？吃完晚餐是寫作業的時間囉！」提醒她一下即可，用這樣的方式引導她逐漸養成習慣。

雖然有時她也會在吃完晚餐後繼續玩耍，本來說好晚上九點要寫作業，卻因當天體力不佳、親戚來訪，或者玩遊戲玩到無法自拔等各種因素而拖到更晚，但是自從親身體驗過多次「盡早完成作業比拖到最後一刻才寫來得輕鬆」以後，她再也沒有為寫作業感到困擾了。

孩子的作業是媽媽的責任？

小女兒國小時參加過一場美術比賽。當我們抵達會場親子聚會公園時，發現那裡人山人海，看得我眼花撩亂。參加比賽的孩子至少都有一名以上的監護人，每個家庭為了讓孩子放心作畫，都在草地上鋪野餐墊席地而坐，我放眼望去，偌大的公園草坪竟已座無虛席。

當我回過神來，孩子已經在四處尋找合適的作畫地點，而我則親眼目睹了十分不可思議的光景——有些媽媽竟然在代替孩子作畫，而且還不只一兩名學生的母親這麼做，有好幾名媽媽在代筆。我看著那樣的畫面，不自覺感到荒謬至極。「這究竟是為誰舉辦的比賽呢？這些孩子真的都是自願來參加的嗎？他們看著父母代替自己作畫，會有什麼樣的想法呢？」我簡直不敢相信自己的眼睛。

然而，最離譜的是，這樣的光景在我養育三名孩子到高中為止，屢見不鮮，而且還不限於美術比賽。明明孩子都已經是國中生了，卻有許多母親會把孩子的學校作業——讀後感、簡報、研究報告等，當成是自己的作業替孩子完成，甚至有些媽媽會連續好幾天足不出戶，只為了幫孩子整理所有科目的考前重點。最讓我無語的是，這些由母親代為產出的結果竟然還拿到學校的獎狀或成績，「遂行評價」——不只看考試結果，還要考量整個學習過程的考試——原本的用意，儼然已被這些過分積極的母親搞得名存實亡。

尤其被選為代表學校出賽人選的資格會上，我看過太多學生的母親做出超越道德界線的事，比方說，花幾萬塊請專家代寫一份報告，或者請一位大學生用相對便宜的價格來解決孩子要交的報告，這些母親往往都會異口同聲地說，這麼做是為了讓忙於學習的孩子減輕負擔，但是在我看來，那些只不過是冠冕堂皇的藉口而已，即便出於體恤孩子的真心，那也未免太短視近利。

假如不是把孩子逼得放學後還要在補習班學習、為了寫補習班作業連睡眠時間都不夠，我想孩子應該是充分能自行完成學校老師給予的作業才對。孩子會在寫作業的過程中經歷各式各樣的體驗，並從中自行思考、研究，培養出德智體等全方位發展的人格特質。

當然，我知道在強調競爭的社會裡，如果想要占據相對有利的位置、擠進可以得到更多認可的地方，就必須先通過考試這道關卡；而為了通過這道關卡，就必須進行大量的學習，所以對於光應付學習就已經忙得不可開交的孩子來說，還要去操心其他雜事，看在父母眼裡自然會覺得心疼。也許讓孩子專心讀書，其他事情交由父母代勞，的確是在這世上生存的方式之一，但是我怎麼想都覺得這不是在為孩子好。

首先，一旦通過社會要求的基本關卡，自此之後就必須展現真正實力，那些由父母代替完成作業的孩子，一直以來都只有在紙上埋頭解題，沒有累積屬於自己的個人生存能力，所以自然會對後續的人生感到徬徨無助；除此之外，那些看著本該自己做的事情，都由父母代替完成，甚至還得獎的孩子，內心又會有什麼想法呢？真的會認為那些獎項屬於自己嗎？我想答案一定是否定的，反而很可能因為得到了根本不屬於自己的獎項而產生自責、自卑、低自尊感，或者變得更加依賴父母。

假如有孩子將這份不屬於自己的成就視為理所當然，那更是另一大問題，他將可能變得毫無良心、嬌生慣養、習慣將別人的東西占為己有，這種人身邊又有誰會對他真心相待呢？第一個自食其果的人也許正是孩子的父母。

怎麼陪孩子寫作業？

我自己也會協助孩子進行作業，但永遠都只停留在從旁輔助的程度，實際操作還是會交由孩子自己進行。比方說，以「排擠」為主題進行寫作時，孩子如果不知道如何發揮，對此苦惱不已的話，我就會主動拋出一些問題給她思考發揮。

「妳在學校有聽說過或者親眼目睹過排擠同學的情形嗎？」

「嗯……我想到了！國小一年級的時候，我和A同學、B同學都很要好，但是A竟然背著我暗地裡聯手其他同學一起排擠B，當我發現這件事情時，因為不曉得自己該怎麼做而困擾了好久。如果為了B，我應該去勸A不要這麼做才對，但是妳也知道，A的性格多麼不好惹，我怕要是選擇仗義直言，結果連我也受牽連；想告訴老師又覺得自己好像在打小報告、出賣朋友，所以內心糾結了很久。所幸當時已經是學期末，再過幾天就會重新編班，所以這件事情並沒有持續太久，不過我的心裡還是很難受。」

「對耶，媽記得妳有說過這件事，不然就來寫這則故事如何？反正已經是多年前的往事，妳現在也轉學了，應該不會有人知道故事主角是誰。」

「好，那我來寫寫看吧。」

於是孩子便走回房間，自行將作文寫完。美術作業也是，我們會先針對主題討論各種發揮的方向，接下來她就會自行畫好底圖並著色。勞作作業也是，有時候她會花很多時間在購買材料、剪貼等最基本的步驟，這時我就會幫忙採買或者協助塗上漿糊、幫忙剪裁等，減輕孩子的負擔，藉此讓她提升完成作業的意志。

有時孩子會很抗拒獨自進行作業，這時，我會體恤孩子的心情，在她身旁閱讀或者準備明天要吃的飯菜，讓孩子不覺得是孤單一人，媽媽也有陪伴在側的感覺。

考試期間
父母怎麼幫助孩子？

聽說現在的家長，從孩子國小開始就會特別避開考試期間，不相約見面聊天，全心全意照顧孩子的身心狀態。雖然不確定其他家長都是如何幫助小孩，但我同樣也會在那段期間特別為孩子做一件事：當孩子對我說「媽媽，幫我計分」時，我就會幫她們寫完的習題計算分數。

其實我的小孩國小時期都在玩樂沒在讀書，是從某一刻起才下定決心，然後慢慢靜下心來學習、寫習題。由於我一直以來不斷對孩子們強調：學習永遠是自己的事，所以我曾經猶豫過是不是應該連計分這件事也由孩子們自行進行，不過我仔細思考了一下，原本只喜歡玩樂的孩子難得下定決心要讀書，已經坐在書桌前那麼長時間，要是連計分都叫她們自己計算的話，不僅會占用到她們的玩樂時間，還可能因為瑣事太多而對學習產生反感，就如同討厭打掃而乾脆不使用廚房是一樣的道理，可就得不償失了。

所以每到考試期間，我就會拿著一捆紅筆，幫她們寫的習題進行批改計分，對照答案可以看出孩子對哪個單元比較不熟悉，也可以適時地給予一兩句建議。

我幫孩子批改習題的方式，是使用紅色鉛筆在孩子答對的題目上畫一個大大的圓，藉此提升孩子的成就感；答錯的題目則用小小的圓做記號，讓孩子感覺錯誤相對較小。除此之外，有答錯的那一頁我也會把頁角摺起，方便孩子們輕鬆找到自己答錯的題目。

隨著學校對於申論題的重視度日漸提升，往往一題就占掉許多分數，所以我會根據孩子的作答內容給予部分分數，假如在批改過程中看見孩子的申論題並沒有寫錯，但是有不足之處或者有其他更好的表達方式，我就會在空白處畫一個記號＋，再用紅筆謄寫答案卷上的解答，然後將頁角摺起，提醒孩子重新閱讀。

我還曾對二女兒用過另一種方法，因為她的閱讀量相對少的關係，她曾抱怨過自己老是記不住歷史、社會、科學的專有名詞，當時我會幫她製作一份專有名詞字卡，把批改習題時看見的專有名詞，用黑色簽字筆寫在用牛奶盒製作的卡片上，然後把字卡貼在冰箱或房門上，每天早晨上學前或放學後，抑或睡覺前，都能隨時複習，最後也的確帶來了不錯的學習效果。

在我看來，國中之前的學習，只要把重點放在讓孩子對學習這件事保持正面印象、培養

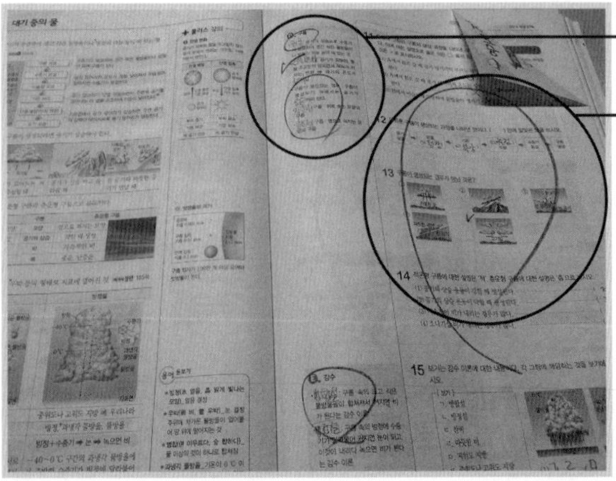

答錯的題目用小圓圈做記號。

答對的題目則用大圓圈做記號，藉此提升孩子的成就感。

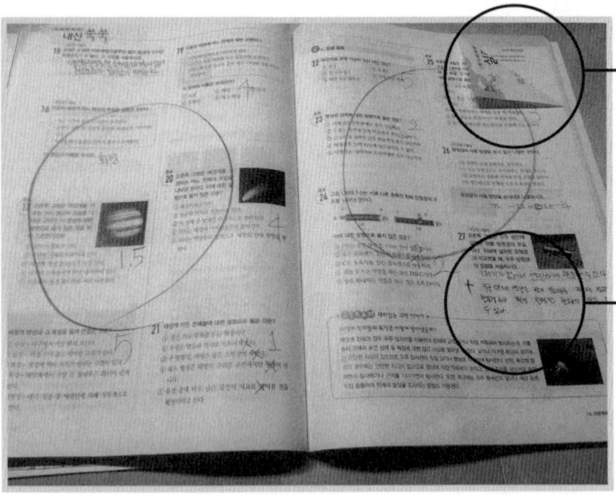

答錯題目的那一頁會將頁角摺起，讓孩子隨時翻開複習。

申論題作答不夠完整時，會用＋號幫孩子補充答案內容。

在幫孩子進行批改時，可利用大大的圓來增強孩子的自信心。

對日後學習的基本實力即可。所以其實不用要求孩子一定要把答案寫得完美無瑕，也不必把他們逼到死角，更不需要擔心孩子會養成凡事得過且過的習慣。對於不想讀書的孩子，也不必白費唇舌碎念他們去讀書。

像我親自養育女兒們到高中的心得是，**只要為孩子提供合適的環境，在適當的距離觀望，當孩子有需求時做出即時反應，他們就能依照自己的速度長成超乎父母想像的優秀模樣。**根據我個人的經驗，親子衝突往往都是發生在父母和孩子意見不同調的時候——父母一直催促孩子，孩子卻老是無動於衷；或者孩子一直想去執行，父母卻漠不關心。

適時讓孩子休息也是一種學習

孩子就讀國小時，每次為了諮詢而到學校與老師會面時，幾乎都會得到孩子在校品學兼優的稱讚，雖然很感謝老師對孩子的認可，但也因此伴隨而來不少辛苦，尤其是孩子的鄰座同學問題。

大女兒就讀國小一年級時，鄰座同學聽說是班上的頭痛人物，他十分調皮好動，竟然直接用力把正在看書的大女兒後腦勺壓到桌上，導致孩子的門牙當場斷裂，如今回想起來，我還是心有餘悸。

我的三個孩子分別在國小時期，都有過一、兩次被鄰座同學搞得苦不堪言的經驗，因為老師每次都會把班上最頭痛、最需要調教、最吵鬧、就連老師都難以管教的學生安排和我們家的孩子坐一起。

像我大女兒遇到的問題是，其他同學都會定期換座位和不同人輪流坐，可是只有她一直都是和同一名同學坐一起，後來因為狀況遲遲沒有改善，所以只好由我親自跑一趟學校，找老師詳談座位安排一事。猶記老師當時對我說：「妍秀媽媽，關於這點的確對您深感抱歉，但是假如把那名同學安排和其他同學坐一起的話，整間教室就會大亂，上課進度也會難以掌控，完全無法照常上課，幸好坐在那名同學旁邊的是妍秀，才有辦法控制住整間教室的上課秩序，這點還請您多見諒。」

同樣情形也發生在二女兒和小女兒身上。老師總是展現出這種束手無策、十分抱歉的姿態，我也只能每次回家勸孩子多擔待一些、多體諒一下老師，於是，總是先替他人著想而不是先替自己著想的過分親切母親，最終也養出了過分親切的孩子，而那份親切也因為缺乏自信，導致我和孩子們都痛苦不已。每每回首孩子的國小時期，總是會讓我想起這段往事，而且不可否認，這件事在她們心中留下了無形的傷痛，因為我當時的確沒有勇氣對老師說：「我不是只為自己孩子著想，而是我的孩子也一樣寶貝。」

有時孩子會對學校生活感到疲倦，我都會申請星期五和星期一的家庭校外教學⑤，好讓孩子可以連著週末連休四天，達到充分的休息——那是我唯一能做的事，好讓她們排解在學校承受的各種壓力，調適一下心情，讓她們充飽電再重返學校學習。

「我看妳連續好幾天都在抱怨，看來是真的很討厭去上學吼？」

「嗯，媽，我不喜歡上學。」

「好吧！那就填一份〈家庭校外教學申請書〉吧。妳想選哪一天？」

⑤ 原文是「現場體驗學習」，是韓國家長帶著小孩進行校外教學的一種形式，不分國內外行程。申請書上需填寫體驗項目、地點及學習計劃等內容，並於結束後繳交一份學習報告。

「就今天！」

「真的嗎？可是〈家庭校外教學申請書〉不是要提前交給老師嗎？妳今天還是先乖乖去上學，媽幫妳請這週五和下週一，這樣加上週末我們就能連休四天如何？」

「好，這個主意不錯！」

「不過就像上次我們講好的，家庭校外教學一年只有十天的額度喔！上次用掉兩天，這次再請兩天，所以只剩六天，論次數的話就只剩三次，明白嗎？」

「嗯。」

「好，妳想要選什麼時候用掉這個機會？要像媽媽剛才說的從星期五休到星期一，還是從星期四休到星期天，抑或是從星期六休到星期二都可以。」

像這樣提供孩子多樣化的選擇、與她討論完以後，我就會按照孩子選定的日期請假，讓她充分休息。當使用次數所剩無幾時，我也會提醒她只剩最後幾次使用機會，確認這次是否真的非請不可，同樣由孩子自行決定，這樣的方式不僅讓孩子適時排解上學壓力，也不再對上學感到分外痛苦。

像這樣為期四天的假期，我們往往會安排兩天一夜小旅行，或者帶孩子去體驗平時難以接觸、非常想帶她們去看的展覽等活動。尤其因為是平日，所以也不用像週末一樣人擠人，參觀體驗反而更舒適，再加上還能把這些所見所聞填寫在〈家庭校外教學申請書〉上，更是一舉多得——能讓孩子排解壓力，還可以增廣見聞，參觀體驗良好，還能將體驗內容寫成報告交給老師——完全是物超所值、滿載而歸。

只要妥善利用家庭校外教學，全家人就能趁淡季用相對便宜的價格展開一趟回憶滿載、增廣見聞的小旅行，這是難得的機會，相信能帶給你意想不到的美好體驗。

制定讀書計畫

國小時期，我們家三個孩子的假期生活，可說是接近無限自由的狀態，誠如老師所言，寒暑假期間往往不是非常熱就是非常冷的時候，所以要趁這時好好休息，為下一學期做好身心充電，這是孩子們的主張；除此之外，她們表示平常因為上學都要固定時間起床，符合制式的生活規律，而非基於個人意願，所以希望至少放假期間可以盡情休息，補充精力。

於是，他們的睡眠時間便從凌晨一點逐漸延後至兩、三點，有時甚至凌晨五、六點才睡，過著徹底日夜顛倒的生活，睡到日正當中的白天才起床，再打電動到太陽下山。放假期間的她們完全過著頹廢不羈的生活，和上學期間展現出來的模範生姿態是截然不同的樣貌。

後來大女兒在小六時告訴我，她想要就讀特目高，而不論是哪一種類型的特目高，她都認為自己該開始認真學英文，所以從第二學期中期開始，就自行設定了英文學習計劃，從學語言最基礎的聽、說開始規劃，主要都是按照她個人的意願去安排。

於是我們開始製作讀書計劃表：橫排填入星期，直排填入要讀的教材、學習方法及複習次數，星期日原則上是休息。只要完成當天的讀書項目，就會在執行確認欄裡貼上貼紙或做記號，當然，隨著時間流逝，這份讀書計畫表也不斷做調整。

比方說，一開始是滿腔熱血地安排讀書計畫，只有星期日休息，但是隨著實際執行後才發現，星期六必須讓自己休息喘口氣才行，所以後來就改成要是平日有未完成的學習進度，就利用星期六的時間補齊，或者用星期六預習下星期的進度；除此之外，與其一開始就規劃過多的學習量，不如讓自己慢慢適應，等適應到某種程度以後再逐漸增加或調整。

安排讀書計畫時，也發生過一些小插曲。自從大女兒開始製作讀書計劃表以後，小女兒也跟著姊姊依樣畫葫蘆，後來連二女兒也加入這個行列。不過，也許是看見姊姊和妹妹的學習計劃都安排得很充實，二女兒的好勝心徹底被激發，她既不想增加學習量，又想要讓讀書計劃表看起來豐富，所以最後竟然把洗頭髮、跳繩、搖呼拉圈等這些雜事也統統放進了讀書計劃表裡，讓整張紙看起來項目滿滿，逗得我哈哈大笑。

這其實是孩子自己主動說要讀書而製作的計劃表，但不可否認有一段時期，大部分的執行確認欄大都是呈現空白狀態，而我也為此苦惱不已，不曉得孩子究竟是否正確養成讀書習

	월	화	수	목	금	토
영어 독해	오	○	○	○	○	○
영어 흘려듣기	늘	○	○	○	○	○
영어 집중 듣기	도	○	○	○	○	○
데일리 잉글리쉬	힘	○	○	○	○	○
영어책 읽기	내	○	○	○	○	○
미드 혹은 영화	봐	○	○	○	○	○
숨마쿰라우데	요	○	○	○	○	○

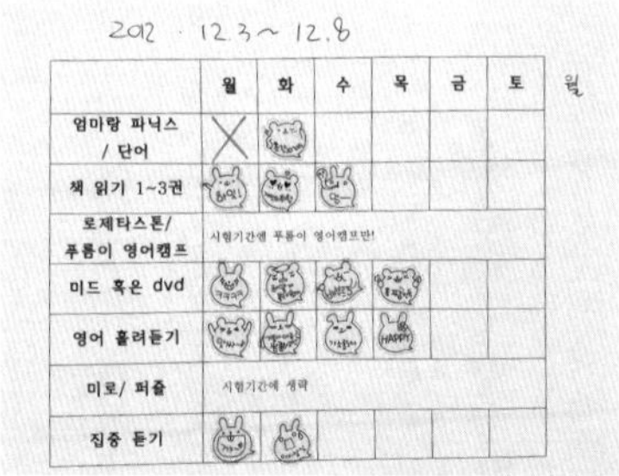

2012 . 12.3~12.8

	월	화	수	목	금	토	월
엄마랑 파닉스 / 단어	X						
책 읽기 1~3권							
로제타스톤/ 푸름이 영어캠프	시험기간엔 푸름이 영어캠프만!						
미드 혹은 dvd							
영어 흘려듣기							
미로/ 퍼즐	시험기간에 생략						
집중 듣기							

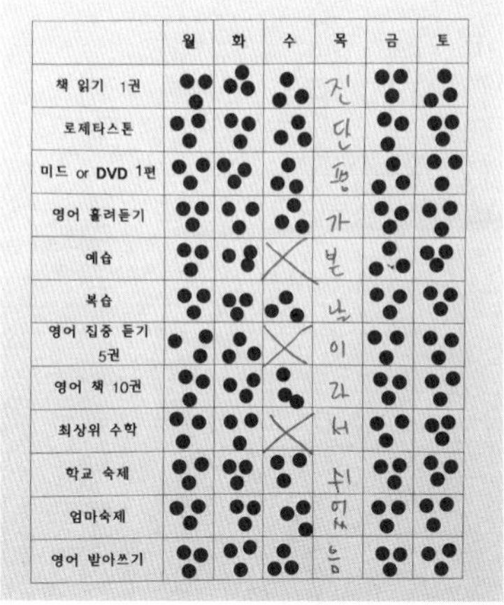

	월	화	수	목	금	토
책 읽기 1권	●●●	●●●	●●●	진	●●●	●●●
로제타스톤	●●●	●●●	●●●	단	●●●	●●●
미드 or DVD 1편	●●●	●●●	●●●	평	●●●	●●●
영어 흘려듣기	●●●	●●●	●●●	가	●●●	●●●
예습	●●●	●●●	X	본	●●●	●●●
복습	●●●	●●●	●●●	날	●●●	●●●
영어 집중 듣기 5권	●●●	●●●	X	이	●●●	●●●
영어 책 10권	●●●	●●●	●●●	라	●●●	●●●
최상위 수학	●●●	●●●	X	서	●●●	●●●
학교 숙제	●●●	●●●	●●●	쉬	●●●	●●●
엄마숙제	●●●	●●●	●●●	었	●●●	●●●
영어 받아쓰기	●●●	●●●	●●●	음	●●●	●●●

按照孩子意願製作而成的學習計劃表。

慣。我諮詢過周遭人士的意見，也透過育兒書、講座等尋求解答，最終，我得到的答案都是強調從小養成習慣的重要性，以及孩子的黃金年齡不容錯過，建議我一定要趁還來得及將她們好好糾正過來。每次得到這樣的答案時，我都會比較敏感一些，不免俗地念她們幾句，不過多半都只會帶來反效果。

自從有過幾次無效經驗以後，我改採取觀望的姿態來看待孩子沒有達成目標的情況，反正計劃表是張貼在特定位置，走來走去免不了會看一眼自己設定的目標學習進度，自然而然也會看得出長期下來達成率是多少，我相信她們一定也心裡有數。

值得欣慰的是，隨著孩子們每週更新學習計劃表，也展現出一定要比上週達成更多進度的意志，反而是我對她們感到有些抱歉，因為自己的過度焦慮而沒有選擇相信她們，以教育為藉口挑剔她們的美中不足。雖然迄今為止，自己在這段時期的所作所為一直都是我心目中的遺憾，但我也想鼓勵自己，人非聖賢，孰能無過，這種程度的小錯誤，相信任誰都有可能在無意間犯錯。

比養成好習慣更重要的事

孔子曾問侄子孔蔑：「自從你做官以來，有什麼收穫、什麼損失嗎？」

孔蔑答：「沒有什麼收穫，卻有三個損失：做官以後，公事紛至沓來，所學的沒有時間去溫習，學問更加荒蕪了；俸祿微少，親戚們連一碗稀飯的幫助都得不到，與我愈加疏遠了；公事往往很急迫，就連吊唁死者、慰問病者的時間都沒有，因此朋友之間交情也淡漠了。這就是我做官以來的三個損失。」

後來，孔子也問宓子賤同樣的問題，結果宓子賤答：「沒有什麼損失，卻得到了三個收穫：其一，過去從書本上讀到的知識，如今能夠在施政中得到運用，因而對所學的更加明瞭；其二，有俸祿可以幫助親戚們，因此親人與我更加親密了；其三，雖然公事繁忙緊迫，但仍兼顧對死者的吊唁與生者的慰問，因而朋友之間的友誼反愈加深厚了。」

同為當官者，孔蔑和宓子賤卻過著大相逕庭的人生。對於一心只專注在自己失去的人來說，人生自然是苦悶、不滿足、痛苦、不幸的，但是反觀專注在自己擁有的人，其人生必然是幸福、感恩、滿足的，而且這股能量還會傳達給身邊的人，一起痛苦，或一起歡樂。

許多父母會為了幫孩子建立良好習慣而用心良苦，諸如吃飯時應該這樣吃、刷牙時應該那樣刷……，上學後還特別注意孩子的學習習慣養成。但其實放眼周遭，經常可見以習慣養成之名，行數落孩子之實，甚至造成親子關係惡化、打壓孩子自尊，不僅對孩子養成好習慣沒幫助，還造成了許多負面影響，這種情形層出不窮。

因此，我由衷地提醒各位家長，在幫助孩子養成習慣之時，切記很有可能會因小失大，永遠都要將這點牢記在心。與其用負面角度去看待孩子現有的不足，不如用正面角度看待孩子還有無限進步的空間，**因為孩子真的會依照你對她的信任程度而成長，就算很難發自內心的相信，孩子也會依照父母努力相信的程度而成長**，這完全是我二十年育兒歲月裡所見所聞及親身經歷的實際體驗。

孩子的零用錢教育

孩子開始上學以後，許多家長都會煩惱零用錢的問題，該從幾歲開始給、給多少、多久給一次等，因此，有些家長會在給孩子零用錢時，請孩子也練習記帳，有些家長則是讓孩子去上理財課程，或者親子共讀經濟學類的故事書。

但是就如同其他教育一樣，正確的消費、儲蓄，對金錢的認知等，孩子們同樣也會從小看著父母，在耳濡目染下學會，所以比起零用錢教育，更重要的反而是「檢視父母自己看待金錢的態度」。身為父母，我們要捫心自問，自己每天都在灌輸孩子什麼樣的金錢觀、說了哪些與錢有關的話語給孩子聽。許多家長是一領到薪水就必須支付房貸、利息、管理費、水電瓦斯費、保險費、汽車相關費用、電話費、學雜費以及信用卡帳單等，透過自動轉帳的方式直接從戶頭裡轉出，然後看著交易紀錄邊嘆氣邊自嘲說：「錢又瞬間沒了，真的有發薪嗎？」

「那些錢都跑去哪裡了？唉，為什麼拚了命的工作還是沒什麼錢呢？」

「我的錢都花在你身上了，我們小時候可是很窮的耶，都對你這麼好了，還有什麼好不滿意的？」

「你做那種工作連自己都養活不了，還是去當公務員最好。」

你需要重新檢視自己，在日常生活中脫口而出的金錢觀，是否夾帶著兒時對金錢的匱乏而產生的憤怒或傷痛之情。假如在沒有意識到這一點的情況下，不經意地對孩子說出「像你這樣整天只知道玩，以後要靠什麼養活自己？」，使孩子對金錢產生無謂的擔憂是不妥的；當然，我們也不能告訴孩子「錢不重要，腦袋裡的知識和智慧才是任何人都拿不走的，所以要好好認真讀書」，藉此來貶低錢的價值，或者讓孩子覺得凡事只要靠錢就能解決等……只要對錢擁有過於極端的印象，都是不正確的。

比金錢教育更重要的事

多才多藝、樣樣精通的大女兒，在煩惱未來出路時，曾說過有一件事情她絕對不會做，那便是「創業」。

「媽，我每次只要一想到創業，就會想到經商失敗，光想就覺得可怕，所以我這輩子應該不可能創業。」

原來是受創業三次失敗的父親影響，在她心中不知不覺留下了「創業一定會失敗」的陰影。如果從孩子的立場來看，這的確是有可能得出的結論、留下的陰影，但是從我的角度來看，明明是一名前途無量的孩子，卻因父母的經驗而限制了她的可能，對自己的發展妄下定論，著實是一件令我感到痛心的事。

二女兒則是從小就很容易把錢弄丟，她在拿到錢的那一刻雖然寶貝不已，但一轉身就會將錢遺忘在腦後，不僅對待壓歲錢的態度是如此，就連每次參加畢業旅行或校外教學，讓她隨身攜帶的零用錢也都會弄丟。

至於小女兒是從小就非常愛錢，是個對錢很有興趣的孩子，不禁令人納悶這麼小的丫頭究竟懂錢什麼、為什麼這麼喜歡錢。她和相差兩歲的二女兒不同，對待金錢可說是百般呵護，會把錢收好、保管得宜。在她就讀幼稚園時，我甚至因為敵不過小女兒對金錢的熱衷，索性在銀行幫她開了一個屬於她的銀行帳戶，自從她把壓歲錢存進戶頭以後，就開始對銀行偶爾發放的利息感到雀躍不已，還特地添購一本姊姊們都不願意寫的記帳本，每天邊記錄邊微笑。

在她上國小二年級時，也因對股票產生興趣而開始閱讀《如何用檸檬賺錢？》（*How to Turn Lemons into Money*）、《小藝潭十二歲就存了千萬韓元喔！》、《錢、錢、錢，那是什麼東西？》等理財類故事書；為了掌握每天的股市動向，甚至還主動閱讀報紙。乍看之下，她好似很有理財觀念，但其實不然——她會一口氣花光所有辛苦存下來的積蓄。她會買外套給我，讓我穿去演講，買皮鞋給爸爸，也會為自己心愛的玩偶買好幾千塊的可愛碗盤裝飾，只為了玩扮家家酒……這樣的消費習慣的確大有問題。

換言之，我們家三個孩子在理財觀念上都有各自的問題點，而我也只能透過閱讀各種書籍想辦法尋求解答，在尚未回頭檢視自己之前，我只看到孩子的這些問題點，並未查覺到這些行為背後的真正原因。

最令人驚訝的是，我後來才發現，原來是我和先生對金錢有難以抹滅的心理陰影，導致我們不曉得如何給小孩錢、也不想給她們錢，而孩子們也從父母無意間展露出來的金錢觀，習得了我們對錢的負面認知與傷痛。雖然我一直很用心栽培她們，但是我萬萬沒想到，竟然將她們養成了和我一樣的人。

電影《喜福會》中出現過一段對白：「我在中國的成長，教會我吞忍一切的苦楚，即使以另外一種方式教育女兒，她仍脫不了自憐自艾。或許是因為她是我生的女兒，一如我是我母親生的女兒。不懂自己的價值，不是從你開始的。」

還有哪一段對白能將「父母的人生經驗與學習會直接傳承給孩子」這件事描述得如此透徹呢？

我們不僅會把面對人生的態度傳承給下一代，連同對待金錢的認知也傳遞給孩子。隨著孩子開始進入學校生活、邁向青春期，**父母該做的事情就不再是培養孩子的能力，而是重新審視自己面對人生的態度**。雖然我們會努力提供寶貝孩子一個比自己原生家庭條件更好的環境，但是最終我們真正能留給她們的，反而是面對變化的人生態度。

每個人都是經濟人

我曾經看過一句話：「為了提升孩子的自尊感，必須先培養父母的自尊感」，看待金錢的態度亦是如此。為了讓孩子有正確的零錢教育、理財觀念，父母要先洞察內心深處那個曾經因錢而受傷的小孩。孩子在歷經漫長幼兒期和青少年時期以後，所培養的學習能力最終也是為了將來進入社會——長大成人之後的經濟活動，因為人類終究是「Homo Economicus」（經濟人）。

那些一味聽從或相信父母叫他認真讀書、進大公司上班的孩子，將來很可能只是過著領一份固定薪水、不曉得自己何時會被公司炒魷魚的職場生活；反之，對學習沒有天分或耐心的孩子，則很可能告訴自己「既然不是讀書的料，那就長大以後開店做生意」、「比起讀書，我要賺大錢」，畢業後想盡辦法實現。就如同坊間流傳的一句話，「再怎麼認真讀書，最終還不是在學生時期功課不好的那些同學所成立的公司工作」一樣諷刺。

金錢、人品、學習，三者其實沒有太大關連，有時你會遇見人品很壞，或者學習很差，長大成人以後卻很會賺錢、花錢的人，這些人的共同點之一，就是沒有「我不可能賺到錢」的負面認知，所以手中才會一直握有金錢。身為財務顧問兼理財專欄作家的尹知敬講師，在實際接觸、採訪多位韓國有錢人士後發現，他們都有個共同點：很愛錢、對錢不抱有負面想法。因此，**比起零用錢教育，更重要的反而是父母本身看待金錢的態度**。

等孩子正式上學以後，記得一定要固定給他們零用錢，具體要給多少、多久給一次、讓他花在哪裡其實都不重要，更重要的是給予孩子充分的時間去規劃他們的金錢，等待他們自行從錯誤中學習。由衷希望各位在幫孩子開銀行帳戶、讓他們閱讀理財故事書、記帳、買存錢筒等這些行為時，傳遞給孩子們的都不是對金錢的恐懼。

母親的功課②

為自己投資一些愉悅的消費

今天，請妳試著用三百元來體驗幸福感，思考看看用這三百元做什麼事情會使妳倍感幸福？挑戰一些平日不能做的事吧！假如平常路過咖啡廳時，妳都會心想「要是能進去喝杯咖啡、看看書該有多好」，擇日不如撞日，今天就試試看吧！

不論是去電話亭ＫＴＶ高歌一曲，還是買自己喜歡的貼圖、買一塊蛋糕或甜筒冰淇淋來犒賞自己、去看一場電影、買幾片面膜來敷臉等，只要是三百元內可以讓自己幸福的事情，就盡情去消費吧！當然，妳如果想要將預算設定成五百元也無所謂，畢竟在自己身上投資這點錢一點也不為過！所謂愛，是將時間、金錢、誠意、努力投資在心愛的人身上，所以為了心愛的自己，不妨送個小禮物給自己吧。

人生是來享受的，今天不妨就來為自己做一些愉悅的小消費吧！

第三章

孩子沉迷於手機和遊戲，怎麼辦？

希望你能用更深邃高遠的目光看待孩子，
讓孩子透過自身想法與經驗成長。
父母該扮演的角色，是從旁觀看這一切。

什麼都不做
也什麼都能做的寶貴時間

如果從小就讓孩子把時間統統花在過度的先行教育⑥與學校課業，就不容易有機會透過喜歡的事物而成長。若想讓孩子沉浸在喜歡的事物裡，發揮自己專屬的特質與能力，前提是要有充裕的時間，至少在國小時期要有埋首於熱衷事物上的經驗，而不是一味地追求先行教育。我相信這些經驗一定有助於孩子成長，因為經驗能使人懷抱夢想，經驗多寡也會決定成長幅度。

二女兒準備上小學的前一個月，當時正值冬天。我一起床就發現一組貫穿整個客廳的塑膠桶纜車，懸掛在棉繩上。

「這是什麼？」

「喔，我在書桌上玩扮家家酒，提到要去旅行，但是因為書桌太高，感覺這些娃娃會害怕跳下去，所以我就用線當做纜繩，連到那邊的書櫃，好讓他們可以搭纜車滑到書櫃，再踩著旁邊的東西一步一步走下去。」

「喔~原來是這樣啊！」

「我本來煩惱該如何搭建纜車，最後決定用棉繩和塑膠桶來試做。怎麼樣？很酷吧？」

我看著有模有樣的纜車，好奇她究竟是如何辦到的，怎麼會想到如此別出心裁的創意，並對此感到欣慰。

我們家一直以來都習慣在書桌下放一個紙箱，專門用來裝廢棄物，裡面是方便孩子們隨時取用、發揮創意動手製作的東西，還有一個抽屜櫃是專門放各式各樣的紙張、文具、棉繩、美術用品等。從大創買回來的大紙箱裡，放有大大小小的衛生紙捲筒、洗淨晾乾的牛奶盒、塑膠盒、零食包裝袋等，孩子們只要腦中浮現任何點子，就能從紙箱裡翻找出合

⑥是指比學校教育課程進度較快的私人教育系統，如讓國中生學習高中課程、讓小學生學習國中課程等，相對於「適齡教育」。

二女兒自己做的娃娃專用纜車。

適的材料想辦法實現，自己製作玩具或設計遊戲來玩。

小女兒五歲時還用發泡板製作過水車，神奇的是，只要轉動左邊的手把，這組水車真的會轉動。從思考要做什麼東西、如何將點子實現，到經過無數次的失敗也不氣餒，最終把腦海裡想像的東西實現出來，這段過程其實是需要時間的，而且是充分的時間。

對於我們家三個孩子來說，玩樂的時間總是充足的，只要他們願意，閱讀課外讀物的時間也非常足夠。由於沒有額外送去補習，所以也沒有補習班作業，自然而然就有很多時間能做自己真正想做的事情，透過這些個人時間，她們也在無意間培養了思考力、專注力、問題解決等能力，而事實證明，這些能力也會如實反映在學校成績上。

站在父母的立場，不可諱言地，我偶爾會認為她們是在浪費時間、懶散、做一些無用的事情，因為以身為過來人的經驗來看，讀書其實是有黃金期的，既然是讀書的年

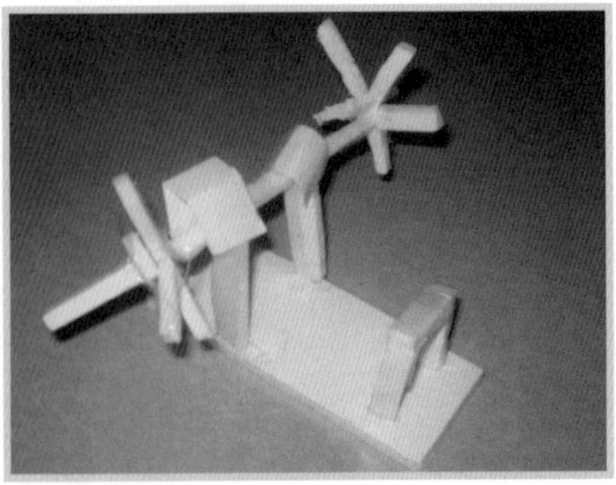
小女兒五歲時用發泡板製作的水車。

紀就該好好讀書，這樣才能直升大學不用重考，畢業後也可以找到一份好工作、遇見一名好對象，從此過著幸福美滿、不愁金錢的日子，因此，家長們才會更執著於孩子的學習，只為了讓孩子一帆風順。

但是，最近所謂「高學歷米蟲」也比比皆是，許多人看似擁有一切，內心卻無比空虛無助、寂寞不安，一點也不幸福——這也是為什麼心靈勵志類的書籍一直占據各大書店暢銷排行榜的原因——即便過著令人稱羨的生活，仔細探究會發現他們仍有自己的擔憂與煩惱，只是因為我們的視角所限，才會認為別人的人生看起來更優質。

這個世界儼然已改變，銀髮離婚、分居婚姻、多次就業、「不需要固守家鄉，隨時都可以走向世界」、「不只溫飽重要，如何過生活也很重要」、「只要下定決心，隨時都能重啟人生」。與生俱來的家庭背景、學生時期的成績，都已經不能保障孩子在社會上能有一番成就；人工智慧究竟會對人類社會造成多大影響，也無人知曉。

因此，我會奉勸各位用更深邃高遠的目光去看待孩子。在人生這段漫長旅途當中，我們的孩子真正需要什麼，是值得我們去思考的議題。不要只用父母狹隘的視野自作主張，先去判斷什麼事情才是真正為孩子好，再提供那樣的環境給他們。孩子只能趁兒童時期，透過豐富的探索經驗去尋找自己是什麼樣的人、自己的想法，所以也許放手讓孩子自行摸索，正是父母能給孩子的最好禮物之一，而這也是身為父母該扮演的角色。

假如現在要我重新回想養育她們的心路歷程，我會對於自己當初選擇相信她們、等待她們感到自豪。每個孩子天生就與眾不同，雖然乍看之下三個孩子都來自於同樣的父母、在同一個家庭環境長大，但是我發現她們生性大不同以後，決定用三種不同方式教育她們。雖然育兒的整體大原則、大方向是一致的，但是我努力跟隨她們的獨一無二，最終，三名孩子也都長成了屬於她們的樣子。在育兒這條路上，我同樣會時而徬徨、時而不安，但是我選擇相信那些育兒書作者與育兒專家。與其讓自己沉浸在焦慮裡，不如相信自己、相信孩子，一步一步向前邁進，總有一天，你所相信的事情會如願以償地實現。

有條件的使用
比全面禁止更有效

我相信許多家長是從孩子開始上學以後，就面臨該在何時買電腦、智慧型手機給小孩，以及使用頻率、時數等問題。其實真正的問題在於孩子如何利用閒暇時光——因為往往擁有電子產品以後，孩子就很難再發揮創意有效運用時間，只會整天埋首在電腦遊戲或智慧型手機裡虛度光陰。

猶記三個孩子還小時，經常可以從書中、文章裡看見專家們建議，至少要等孩子滿三歲以後再讓他們接觸電子產品，因此，一心想把孩子養好的我，一直都暗自期許恪守這項原則。孰料，我在大女兒尚未滿月的情況下就懷了二女兒，面對每天的嚴重孕吐，意志力自然備受考驗，我當時吐到全身無力，根本再沒有多餘的體力為大女兒念故事書、陪她玩，所以最後不得已，我還是在大女兒未滿週歲前就讓她接觸了電子產品，但是我做了很多努力去降低相關副作用，比方說，我一定會全程陪同孩子一起觀看影片內容，也會以她收看的影片為題材，儘量找話題和她討論。

結果我們家三個孩子都是在滿週歲前就接觸電子產品，不過由於她們也有充分玩樂、閱讀、和父母聊天的時間，所以並沒有出現沉迷或其他令人操心的症狀。

直到三個小孩都上了國小以後，由於她們需要學習 Excel、PowerPoint 等軟體操作方式，所以幫她們報名了課後電腦課，但是我萬萬沒想到，電腦課竟然還有附贈各種電腦遊戲，所以孩子們自然而然走進了電玩世界——《楓之谷》、《魔法千字文》、《天翼之鍊》等各式各樣的線上遊戲。一開始，我允許她們每人一天玩一小時電腦遊戲，但是問題來了，我們家有三個孩子，最後竟演變成就算還沒輪到自己，卻湊在電腦桌前觀戰，換言之，孩子每天眼睛盯著電腦螢幕的時間至少三小時以上。

我聽了一場主題是大腦發育的演講後，才知道就算孩子每天只玩電腦遊戲三十分鐘，也比一週玩四到五小時遊戲的孩子更容易出現成癮等負面影響，因為「每天」玩遊戲會變成一種習慣。

於是我下定決心，要調整孩子們坐在電腦前的時間。我索性禁止她們在上學期間玩遊戲，但只要每逢寒暑假，就會讓她們每天玩一小時，並與她們分享我從演講中聽到的資訊——每天打電動對大腦發育無益。所幸孩子們沒有出現太大反彈，欣然接受了我的新規定。

訂下玩遊戲的協議

耶！放假了！終於可以玩電腦遊戲了。一開始，孩子們都有嚴格遵守每天只玩一小時的規則，但是後來又出現了和以前一樣的情形——明明還沒輪到自己，卻坐在電腦前看其他手足玩遊戲——也就是又變成一天緊盯電腦螢幕三、四小時的狀態。儘管如此，她們還是不停抱怨一小時太少，央求著要加長時間。

為期一個月的假期雖然稍縱即逝，卻也頻繁到來。我看其他孩子放假期間都是在補足學習進度，把日子過得既充實又有趣，只有我們家的孩子逐漸變成夜貓子，一天坐在電腦前四、五小時，看在我這母親眼裡也不再覺得可愛。

既然都已經答應她們放假時可以玩電腦，說好的遊戲時間也已經覆水難收，那麼至少一天當中剩下的時間要能夠有效運用才行，所以我想了一個好主意：每天利用餐桌對話時間，來分享我看到的遊戲成癮案例及其負面影響。

當時韓國有則新聞引發社會轟動，那是一對剛生下一名新生兒的年輕夫妻，因為整天沉迷於培養遊戲裡的小孩，反而疏於照料現實生活中的小孩，導致嬰兒還來不及長大就夭折，令人不勝唏噓。當我分享這則新聞給孩子們聽時，她們搖著頭不發一語。我告訴她們：「媽媽擔心的就是這種情形，電腦遊戲是虛擬世界，要是過度沉迷，就會不知不覺將現實世界拋諸腦後，進而發生這樣的憾事。當然，媽不認為你們會變成這樣，但是在普遍的輿論裡，一直都在強調電腦遊戲帶來的負面影響，所以在我看來，我們也沒必要去做這些危害自己的行為。不知道妳們覺得如何？」

「嗯，我覺得媽媽說得有道理，但是一天只玩一小時，應該不至於沉迷吧？」

「當然，媽也認為這樣的時數安排沒有問題，不過妳們應該也心知肚明，那只是妳們真正玩遊戲的時間，當姊姊和妹妹在玩時，湊在一旁觀看的時間又該如何計算呢？幾乎每次一待就是四、五小時，不是嗎？」

「……」

「媽希望妳們可以做一些對大腦有益的事情，來彌補長時間觀看遊戲畫面所帶來的負面影響。」

「那我們知道了，以後會這麼做的。不過，有哪些事情是對大腦發展有益的呢？」

「嗯……比方說，閱讀？」

「好，那我們以後每天讀一本書。」

於是，接下來的學校假期，孩子們不再只是玩電腦遊戲，還會閱讀書籍。然而，用這種方式執行了幾個假期以後，對於本身就很享受閱讀的大女兒來說沒有任何問題，但是對於不愛閱讀的二女兒來說，反而成了困擾，當時她剛升小學高年級，所以我們經過一番討論之後，決定改以解《思考力數學》、《MENSA 數學小天才》、《Mensa Puzzles》等習題來代替閱讀。

一腳踏進智慧型手機世界

從國小低年級開始，大女兒一直嚷嚷著想要一支手機，國小六年級時甚至還請班上同學參與「請買手機給妍秀！」的連署活動，將簽有同學姓名的紙張拿給我看，最終，在小六暑假快要結束之際，我買了智慧型手機給她。但是以我個人的立場，不建議求學前就讓小孩擁有手機，假如難以堅持這樣的信念，不得已必須買給孩子的話，父母一定要以身作則，先養成良好的手機使用習慣才行。

智慧型手機其實就像一把雙面刃，光是成人都不容易克制自己使用手機的欲望，經常淪為智慧型手機的奴隸了，更何況是正值好奇心旺盛、思想單純、自制力不足的小朋友，成癮的可能性更是遠高於大人。我起初買智慧型手機給孩子的目的，也是為了讓他們可以順利進行學校分組作業、維持人際關係，而且職業媽媽還可以透過智慧型手機經常與孩子保持聯繫等，基於上述各種理由，我買了手機給孩子，但是自從孩子一腳踏進智慧型手機的世界以後，各種問題便接踵而至。

我聽過的案例包括：一名母親發現兒子竟然刷了兩、三千塊購買遊戲金幣，令她震驚不已，甚至還引發一場不小的家庭革命；另外一名母親則是因為發現孩子偷用手機觀看成人影片而頭痛。每每發生這些情形時，家長們就會懷疑自己是不是做了錯誤的決定，不應該買智慧型手機給孩子，開始懊悔自責，並投入很大力氣去矯正孩子的手機使用方式。

我們家大女兒是在國小六年級夏天、二女兒是在國中入學時拿到智慧型手機的，但是小女兒在國小四年級就有了手機，隔年春天也換成智慧型手機。本來我也打算讓小女兒和姊姊們一樣，等上了小六或國一左右再買給她，但是小女兒為此向我提出了嚴正抗議。

「媽，我認為妳堅持六年級才能買智慧型手機的想法一點都不合理，假如我上面沒有姊姊還無所謂，可是我現在的情形是，家中所有人都有手機，只有我一個人沒有，每當全家人都在低頭滑手機時，我只能一個人在一旁乾瞪眼，妳不知道這是一件多麼殘忍煎熬的事情，只是一味地堅持要和姊姊們一樣，在我看來這樣的堅持是沒道理的！」

面對如此簡潔有力的論點，我頓時語塞。經過一番曲折後，最終還是在小四學期末時買了智慧型手機給她，但在那之後，我也經歷過好幾次天人交戰、悔不當初。

一開始，小女兒還算遵守智慧型手機的使用規範，知道要顧好自己該做的事情，但是自從我正式投入工作以後，問題就開始一一浮現。隨著她一個人待在空無一人的家中時間變長，愈來愈難忍受孤寂時光，於是也愈來愈依賴智慧型手機，再加上當時我開始出去工作賺錢，同時尋求內在自我成長，大女兒也正值難搞的青春期，三者恰巧都重疊在一起，導致無暇照顧小女兒，因此當時的她，只能將大量時間投注在隨手可得的智慧型手機上。

了解孩子沉迷手機的理由

一名母親曾於演講結束後跑來找我，她的孩子當時就讀國小二年級，但還不會認字，也無法專心上課，表達能力不是很流暢，學校說她的孩子有注意力不足過動症（ADHD），她也認為孩子的大腦好像出了點問題，所以帶著孩子去醫院做了進一步檢查，但是檢查結果顯示大腦沒有任何異狀。後來我和那名母親進一步詳談後才發現，原來孩子出生後，這位母親就經歷了一連串痛苦煎熬的事情，都自顧不暇了，自然是無力照顧孩子，所以那段期間她是用智慧型手機帶小孩的，也就是在孩子最需要父母照料的時期，反而未能得到適當的陪伴。

在教育和精神醫學領域已有多位專家指出，十二歲以下兒童如果對智慧型手機成癮，不僅會有礙記憶力、專注力、思考力等大腦發育，還有很高的機率會出現睡眠障礙問題，導致體力下滑、烏龜頸、憂鬱症、強迫症等；除此之外，還容易引發社會適應不良症，以及長時間暴露在聲光刺激下，導致暴力行為等各種負面效應。根據美國德州大學奧斯汀分校的實驗研究結果顯示，光是把智慧型手機放在一旁，就能明顯看見孩子的認知能力下滑。

許多家長就是基於這些原因，想要延遲滿足孩子的智慧型手機需求，但是現實又不允許我們這麼做，因為孩子上了小學之後，就會發現周遭同學都已經人手一支智慧型手機，學校作業、準備用等公告，也都是透過聊天群組通知，還有分組報告也需要透過聊天軟體隨時討論，如今早已是不得不使用智慧型手機的年代。

我同樣也是買了智慧型手機給大女兒以後，與她磨合溝通了一整年，每次和她起完衝突，我都會嘗試制定規範、發脾氣、說服、溝通，直到某一刻，我才終於看見了彼此的矛盾點、需求點與擔憂之處。以我來說，最擔心的事情是智慧型手機會不會破壞孩子至今累積的良好習慣，孩子則是擔心自己要是沒有使用聊天軟體或社群媒體，會不會從此和朋友脫節，於是我們交換了彼此內心深處的隱憂，對此進行溝通，才了解雙方的顧慮點，然後共同尋找可行的方向。後來我就變得可以慢慢放手相信孩子，孩子也變得會自行調整使用手機的時間。因此，與其強制禁止孩子使用手機，不如試著去了解孩子沉迷於手機的真正原因，並想出解決對策。

最終，孩子何時能使用智慧型手機、可使用多長時間，還是要看父母對孩子的容許範圍到什麼程度。

當電腦遊戲如問題兒童般出現在這個社會上時，許多教育專家都對此持負面態度，如今遊戲儼然已成不容小覷的大型產業，甚至是未來之星，包括電視節目上也有許多藝人毫不避諱地坦言，閒暇時間都在玩電腦遊戲，社會大眾對於遊戲的認知早已不同於以往。那麼，大眾又是如何看待智慧型手機的呢？我們能夠容忍孩子使用多久呢？

就算是再營養的東西，只要不適合自己，吃下肚也一無是處，沒有意義。因此，不妨試著問自己，我可以用什麼樣的立場來面對孩子使用智慧型手機這件事？

善用智慧型手機的方式

不論父母多想要提供孩子最好的教育，只要孩子還沒準備好接受，父母就無法強行提供，這是我養育三個孩子領悟到的心得。嘗過智慧型手機甜頭的孩子，早已對於我想要提供給她們的更好環境與工具無感。為了挽回她們的心，我試過各種努力，但是隨著孩子們日漸長大，那些方法也變得愈來愈沒意義。最終，我只能虛心接受孩子目前所處的狀態，並嘗試從那個狀態重新出發。

以下是我運用智慧型手機的幾種方法：

1. 透過聊天軟體傳遞心意

當你和小孩因意見分歧而彼此都感到內心受傷時，雖然面對面把話說開是個好方法，但有時候透過聊天軟體傳遞真實心聲反而容易奏效。

「媽對於昨天沒能完全接受妳的意見感到抱歉，只好傳這封訊息給你。我仔細思考了關於我們之間發生的事情，想了一整天，覺得妳應該也很難過。媽只有站在我的立場去想，所以覺得自己很委屈，也對妳有點小抱怨，後來我才察覺妳應該也和我有同樣的感受，所以想跟妳說聲抱歉。希望我們可以解開這個心結，重新相親相愛過日子。媽一直都很愛妳，昨天的事情對不起喲！」

有時我也會用手機，把自己在書上看到覺得不錯的段落隨手拍下來傳給孩子們，或者沉浸在感性的情緒裡，向孩子們細數往事。「突然想起夏允五歲時，和大姊、二姊一起在大眾澡堂裡玩耍，玩得好開心，結果一名阿姨看著妳們三姊妹，頻頻誇讚長得真漂亮、說話很得體、手足情深，當時夏允就悄悄地在我耳邊問：『女兒們被別人稱讚，是不是很開心啊？』小丫頭滿臉自豪的表情，可愛極了。今天也不知道為什麼，就是一直想起那個畫面，就好比有時候腦海裡無意間浮現一段曲子，一整天就會反覆哼唱一樣。漂亮寶貝夏允，等等回家見喔！」然後附上一些可愛有趣、充滿愛意的貼圖，孩子就會非常喜歡。

2. 開設家人群組聊天室

雖然我會和孩子一對一傳訊息聊天，但是有關家庭成員一同參與的活動，會透過家人群組公告。下面是大女兒在家人群組裡公告自己即將迎接二十歲生日的內容。

「大家好，我是負責二月十四號生日的家庭派對主辦人。我已將生日派對菜單擬定，倘若有人覺得不合口味、不知道能吃什麼的話，家裡冰箱隨時為您敞開，請於派對開始前，自行料理好要吃的食物再出席派對即可。（中略）家庭生日派對備有猜謎遊戲，主要是從和壽星一同參與過的回憶中出題，答對者將獲得一份精美好禮。」

隨著孩子們日漸長大，會讓我覺得好像和她們相處的時間愈來愈少，但是像這樣透過家人群組傳訊息，可以不定時確認彼此的存在，等快樂的回憶累積到一定程度，便會發現家人才是彼此最可靠的後盾，也會為平淡無奇的日常注入新活力。

3. 隨時隨地的資料分享

由於二女兒沒有特別接受先行教育就直接進入科學高中就讀，所以剛開學時她經常會拿自己和同學的學習量做比較，然後灰心喪志、倍感憂鬱。一心想成為數學教授的她，希望自己至少能在數學一科出類拔萃，但是放眼整班同學，她發現自己的數學實力也沒有特別突出。為了提升數學實力，她傾心盡力，卻又發現自己忽略了物理、化學、生物、地球科學等科目，使她無限惆悵。

我當時想到的方法就是將最新科學消息及動態，透過聊天軟體分享給她，不論是科學雜誌還是科學新聞，抑或是關於數學的報導等，我都會隨時傳給她看。等她回到宿舍以後，再點開來閱讀，並給我簡單回覆。雖然我因為要同時寫書、演講，還要照顧其他孩子，所以無法天天傳資料給她，但是每當我傳這些會令她感興趣且對學習有幫助的資料時，孩子要是給我熱烈迴響，我會打從心底感到開心和欣慰。

4. 一起玩手機遊戲

有段時期，三個孩子很愛玩一款手機遊戲——「Candy Crush」，只要按照遊戲規則排列五彩繽紛的糖果，相同圖案的糖果就會爆破消失，分數也會隨著爆破數量提升，每當她們開始玩這款遊戲時，就會澈底與世隔絕、聚精會神。看不慣她們如此沉迷於手機遊戲的我，儘管不斷在一旁叮嚀玩遊戲的時間已超過、老是不遵守承諾以後要如何再約定其他事項等，軟硬兼施也都無效。於是某天，我決定親自嘗試這到底是款什麼樣的遊戲，竟能讓三個孩子都如此著迷，最終，我的靈魂也失守了。

爾後，我們發生了許多意想不到的趣事，我以 Candy Crush 為媒介，詢問孩子們有沒有什麼技巧可以讓我快速晉級，看著她們輕鬆破解我老是卡關的那個關卡，也發自內心地給予稱讚。更意外的是，我竟然會為了玩這款遊戲而延遲準備演講、寫書稿等，最後反而是孩子們替我操心。藉由此事，我們開始認真討論遊戲對日常所帶來的影響及傷害，並重新制訂待辦事項的標準與優先順序。

5. 發送驚喜優惠券

有時，我會趁孩子們考完試或者和同學一起去看電影時，抑或是她們自行去看展覽、表演時，用聊天軟體傳送簡短又充滿愛意的訊息給她們，並附贈優惠券做為禮物。比方說，「考試辛苦囉！」、「今天就盡情去玩吧！」、「和朋友們好好喝一杯！」、「看完展覽回來的路上，記得去吃塊小蛋糕、喝個飲料，犒賞一下自己喔！」先傳送諸如此類的簡短訊息，再附上便利商店或咖啡廳禮券送給她們，此時，孩子們往往會喜出望外，回覆我：「哇！！！」、「天啊～」、「媽媽，妳最好了！」、「我也很愛很愛妳喔！」外加充滿感動的表情貼圖，形成有趣、溫馨又歡樂的對話。

嘗試說出想要創造的現實

我的「人生書單」裡有一本是佐藤富雄的《口頭禪夢想實現法》，因為在某個下定決心要仔細洞察內心並實踐的時機，剛好讀到這本書，讓我獲益良多。

我總是深感好奇，「諮商師究竟是如何單憑我的片面之詞，就能剖析出我的意識狀態，並指出將來要解決的課題？為什麼可以只憑我的一段話，就好似了解我的人生全貌，開始展開推測？明明語言不只是從口中說出來的話語，肢體語言也占一大部分，更何況我只說了一、兩分鐘關於自己的事情，還有許多經歷都未能在諮商一小時內說完，他們又是如何光從我當下說的內容來判斷我這個人呢？」

要是借用作者所言，「語言決定思想，思想則決定一個人，所以語言也決定了現在的我們，人的意識全部來自我們經常使用的語言（口頭禪）。」那就表示語言會展現一個人的意識水準。

作者的這番話之所以深植我心，是因為他讓我想起自己總是將「我好累」這句口頭禪掛在嘴邊。

在我剛生完大女兒時，那段日子過得非常辛苦，有時還會對於無法自理的小嬰兒只能依靠我的事實倍感壓力，總覺得自己的一舉一動會決定孩子的一切，視線也片刻不敢從孩子身上移開。然後緊接著隔年又生了二女兒，當時我才真正體會到：哇，原來之前根本稱不上辛苦。當兩個孩子一起哭鬧不休或者同時來找我時，我會拿不定主意到底該先安撫誰，只好選擇安撫優先跑來找我的孩子，但是與此同時，我的腦海和耳邊也一直迴盪著另一名小孩的需求與催促，搞得我心力交瘁。

但是等我生了小女兒以後才發現：哇，原來顧兩個孩子一點也不辛苦。因為每增加一名小孩，我要做的事情不是乘以三倍這麼簡單，而是以三的三次方幾何倍數成長。假如只有兩個孩子，還能一隻手牽一個，三個孩子就不一樣了，充滿著難以預期的變數與挑戰，所以我的人生也變得更為艱辛。

最終，我因為急性腰椎間盤突出而無法行走、活動、躺平、站直，必須咬牙忍受巨大的疼痛感，當時我才切身體認到，原來身體的疼痛是比養育三名小孩還要辛苦的事情。當時我只要一想起年齡相仿、還在牙牙學語的三個孩子，就不免胡思亂想，甚至多次叮囑我先生，假如哪天我先走一步，希望他能多擔待。

當先生的事業宣告失敗，繼第二次經商失敗以後再次迎來了艱困期，加上屋漏偏逢連夜雨，我的身體剛好也在那時出狀況，要是家裡有錢還能去看醫生、接受治療，但是對於經濟條件堪憂的我們來說，公司倒閉無疑是雪上加霜。我的人生從此變得如履薄冰。正因為我總是把「我好累」掛在嘴邊，所以讓人疲倦的事情也接踵而至，甚至一次比一次還要折磨人，一波未平一波又起。在我意識到這項事實的當下，深刻體悟到語言（口頭禪）的重要性，並再次確信自己說的話會創造現實，語言則反映著一個人的意識。

「被孩子搞得沒辦法過日子」這句話，會創造出因孩子而痛苦的現實；不停抱怨「老公根本是仇人」，也會創造出先生如仇人所以對他充滿怨恨的現實；老是哭窮也真的會創造出身無分文的現實。

各位想要創造哪一種現實呢？不妨試著將你想要實現的理想融入日常當中吧。每天對認真上班領薪水的老公心懷感激，對不是很喜歡學習卻還是每天認真上學的孩子心懷感恩，感謝一家人能有一處棲息地，像這樣用充滿感恩的心度過每一天吧。久而久之，你就會看見眼前迎來的是你夢寐以求、充滿感謝與幸運的人生。

除此之外，就算今天你有哪裡做得不夠好，也不要責怪自己，不如去回想自己表現好的事情，給予稱讚。為雖然成果不完美但依舊認真的自己、為好好活下去的自己說聲：「辛苦了！」替自己加油打氣，告訴自己：「妳已經很努力了，我愛妳。」

母親的功課③

稱讚妳的一天

妳今天過得如何呢？仔細回想，一定也會有很滿意的時刻吧，就算沒有表現傑出的事情，也絕對有持之以恆的事情。雖然我今天沒有達成理想的目標進度，但是我有繼續寫書稿，有擁抱我的寶貝女兒，也有去一趟超市採買食材，把空蕩蕩的冰箱填滿。即使都是一些微不足道的小事，但是如果沒有人做也會影響日常，因此，今天的我還是表現優秀。

妳的一天是如何度過的呢？試著數數看今天都做了哪些事吧！然後記得不忘稱讚自己，因為在名為精采人生的項鍊上，又串了一顆美好日常的墜飾。

父母能給孩子的最大禮物，不是與他們分享貴重物品，而是讓他們自行領悟，自己擁有的東西多麼珍貴。

——非洲史瓦希利語格言

第四章

與父母的關係，是孩子與人交往的基石

我竟然在孩子喊疼的那一刻，先替別人家的孩子著想。
為了培養孩子的自尊感，一定要先提升父母的自尊感才行。

每個孩子都是大家的孩子

如果要從近年來發生的社會事件中選出最驚人的一項，不外乎就是青少年之間的霸凌問題。從釜山女國中生集體暴力事件開始，到江陵、牙山、天安、首爾等，在全國各地遍地開花的學生暴力事件，使育有子女的家長都震驚不已。

「明明才十幾歲的孩子，怎麼會做出這種事？」、「怎麼會因為這種微不足道的小事而做出這種行為？」原以為事不關己的可怕事件，最後竟延燒到法律界，引發是否該廢除兒少法的爭議，後來在網路上大肆流傳「當孩子遭遇校園霸凌時該如何應對處理」的文章，讓許多學生家長深有共鳴。

> 被打時，第一時間一定要申訴。
>
> 第二次被打時，無論如何都要讓對方吃上暴力罪的官司。
>
> 警察抵達現場後，要對警察說：「他對我施暴，我要以暴力罪舉發他，現在就可以直接前往警察局提出告訴。」這和現行犯沒兩樣，所以請警察將其押回警局。
>
> 假如警察想要息事寧人，就揚言將以失職檢舉警察。（下略）

這篇文章最終是以這樣的方式做結尾的。

當妳腦海中浮現「孩子成長過程中，難免都會遇到這種事情」時，妳的孩子早已無法在這世上存活。

根據任職於諮商中心的朋友表示，近年來，自殺、自殘的青少年人數突然暴增，每一間諮商中心都人滿為患，等於間接證實了這篇文章的結尾並非只是單純的警告或恐嚇。

這篇文章底下有無數則留言，內容多半是對於需要操心這種事情的現實感到難過害怕，許多人表示自己小時候的年代還不至於如此嚴重，怎麼現今的學生會變得如此冷血無情，其中也不乏有家長希望這種事情不要發生在自己和孩子身上。然而，在眾多留言當中，唯獨一條留言吸引住我的目光。

「至少那種明目張膽的暴力行為還能報警處理，要是排擠或有意無意的霸凌，又該如何是好？」

其實透過三個孩子，我多少有耳聞學生之間的排擠或隱形霸凌問題有多嚴重、多麼難纏，所以在看到這則留言時，可以感受到這位家長的隱憂，因為我同樣也是在養育孩子的過程中，屢屢為她們的人際關係勞心費神。

突如其來的排擠

大女兒是國小五年級開始為人際關係所苦，當時因搬家被迫轉學，自此之後便碰上了麻煩。根據妹妹們的轉述，大姊自轉學後第一天上學起，便結識了班上一群朋友，和她們手挽著手，開朗地走在學校走廊上，當時她們看著大姊好生羨慕，「怎麼能如此迅速和新同學打成一片？」著實佩服大姊的社交能力，所以回家還特地與我分享這件事情。

然而好景不常，就在大女兒考完期中考後，她便開始飽受人際關係問題苦惱；轉學到這間學校以後，她首次參加期中考就拿下全科滿分的佳績，這件事情成了引爆點，學生之間開始風傳學校史上出現第一位創下全科滿分的紀錄，而且還是一名轉學生的消息，而在現今一個班級人數不多、一個年級班數也很少的情況下，這似乎引來了校園裡的風雲人物C和其熱衷於參加家長會的母親不悅，在各領域嶄露頭角的大女兒無意間成了她們（不只C和C的母親，還包括和她們同夥的小圈圈）的眼中釘，於是在學校裡開始遭受各種隱約又巧妙的霸凌。

在學校常常折磨大女兒的C，在師生之間的評價一直都很好，在需要討好的對象面前，總是展現勤勉誠實、善良體貼、品學兼優的模範生面貌，但是會時不時散播不實謠言，說我們家大女兒會在暗地裡偷說學長姐的壞話，汙衊我女兒會把老師交辦的事情推給她去做等，開始到處造謠，說一些無中生有的謊言，甚至私下對我大女兒口出惡言、用髒話謾罵。

「明明是從外地滾進來的，到底憑什麼這麼囂張啊？」

「滾開啦！首爾來的臭X子，說話怎麼會有鄉下口音啊！」

「X貨！」

這些都是C每天對我大女兒說的話。

那段時期，大女兒只要放學回到家，就會躲進房間裡足不出戶，她總是提心吊膽，害怕在路上撞見C和其母親，為了排解這樣的心理壓力，她開始暴飲暴食，體重也增加不少，然後再看著自己走樣的身材懊惱不已，形成一種惡性循環。那段時期的她，身心都十分煎熬。

然而，最令我難過的是，我當時並不清楚女兒的遭遇。

媽媽的低自尊感
影響孩子的人際關係

要是大女兒願意具體向我描述自己究竟為什麼心裡難受，我應該會立刻衝去學校處理，可惜她只是用「覺得人際關係有點累」輕描淡寫帶過。由於一直以來我都是採取尊重孩子的態度，所以當時我想可能是女兒不想說，或者現在的小朋友青春期都來得比較早，而沒有再繼續追問下去。

當然，這期間我並不是沒去找大女兒的班導師聊過，每次學校開放家長和導師會面約談時，我都有把握機會找老師討論各種關於孩子的事情，也有提及過幾次大女兒正因為人際關係而感到苦惱，但是老師似乎完全不相信我說的話，甚至反駁我的論點，認為姸秀功課好、態度佳，在學校裡是人氣很高的孩子。

有時和老師聊得再深入一點，也只得到這樣的回覆。「喔！有一名同樣功課很好的學生，她似乎時常會拿自己和姸秀做比較，滿嫉妒姸秀的，不過站在那位同學的立場想其實也情有可原，除了她以外，我看其他人都和姸秀處得很好，您放心吧。」

後來大女兒動不動就會抱頭痛哭，不斷強調自己不想去上學，也不曉得該如何處理學校裡的人際關係，正因為我不知道女兒究竟是如何被C欺負，所以我當時給她的建議也只是隔靴搔癢，毫無實質上的幫助。女兒甚至抱怨我給她的建議只會讓人際關係更加惡化，說到激動處又忍不住眼淚潰堤。

每次看見孩子哭泣時，每一滴眼淚都像銳利的刀子插在我心上，只能想盡辦法安慰她、哄她。但是事隔多年以後，再重新回首這段往事，不禁讓我懷疑孩子當時也許是因為我的低自尊感而加倍痛苦。因為在事件過後幾年，我曾問過大女兒：「妍秀啊，妳和媽媽相處到現在，有沒有覺得哪一件事情是媽媽沒做好的？」

當時她回答：「在我國小五年級飽受人際關係所苦的時候，當時媽媽處理得不是很好。」原來事發當時，我一直反覆問她：「妍秀啊，會不會是妳做錯什麼事了？不小心太驕傲了？太愛出風頭嗎？還是妳有糾正她什麼呢？」而且我還不斷地對她下指導棋，建議她要不要試試看這樣做、那樣做。

「媽，當時我明明沒有做錯任何事，但是聽妳說了那些話以後，我反而開始檢討自己：『難道真的是我錯了嗎？我應該迎合她們才對嗎？還是要改變我的態度和言行舉止呢？』其實我當時最想聽到的話是『妍秀啊，妳是對的，雖然那些同學排擠妳、不和妳當朋友，但妳沒有做錯任何事，不是妳的問題，所以不要再苦惱了，妳只要做自己就好。』」

聽完這番話的我，哭到不能自已。原來我當時的那些舉動——責怪對方之前先檢討自己的孩子、深怕會不會是自己的孩子做錯什麼事，所以惹得對方不開心——反而是在懷疑我最疼愛的寶貝。而最讓我痛心的是，直到多年後女兒親口說出來，我才發現原來這些質疑早已對年幼的她造成心理傷害。

其實我一直都是個總是先為他人著想、先體諒他人感受和立場的人，而不是先為自己著想、先重視自身需求，只是我萬萬沒想到，在面對親生骨肉遭受痛苦時，我竟然還是習慣性先顧及別人家的孩子，而不是先為自己的小孩著想。雖然這並非我的本意，但因長年以來的思考模式及習慣，促使我無意間先檢討自己的孩子，就如同一直以來都是先檢討我自己一樣。直到那一刻我才恍然大悟，「若要培養孩子的自尊感，就必須先把母親的自尊感培養好」這句話的真正涵義。

不容易癒合的傷口

所幸大女兒的人際關係問題，在邁入五年級下學期以後就逐漸平息，由於C的真面目後來被許多同學看穿，只是礙於她在學校擁有特權而敢怒不敢言，後來陸續有人實在看不慣她的作風，開始紛紛站出來發聲。就連偏愛C的老師也不再袒護她，並且語重心長地對她說：「當同學們開始愈來愈疏遠妳的時候，是不是應該反省一下，自己有沒有什麼問題？」自此之後，大女兒妍秀終於找回了笑容，順利適應學校生活，備受老師和同學們的愛戴。當時的我天真以為，這件事情就此圓滿落幕。

沒想到大女兒升上高中之後，人際關係又再度陷入膠著。入學才剛過一個星期，她的腳踝就受傷了。她必須每天拖著打石膏的腳往返醫院、住家和學校，所以根本無暇適應宿舍生活，過了一段落單的日子。由於她在學校拖著打石膏的腳蹣跚行走，所以不論是移動至教室上課，還是去學校餐廳吃營養午餐，都沒辦法跟上同學們的走路速度，更令人難過的是，居然沒有任何一名同學願意等待妍秀，她對此感到很受傷。

當時只要大女兒一放學，我都會找機會與她聊天，我們促膝長談，聊了許多話題，也讓我再一次體會到原來自己這麼不了解女兒。

時間回到國小六年級，當時她有一位好朋友，兩人志趣相投，和C也分在了不同班，所以看起來徹底擺脫了人際關係壓力，但是好景不常，過沒多久大女兒又再度陷入苦惱。不明白確切原因的我，光聽大女兒的轉述——有時還是會在學校撞見五年級時老是愛欺負她的C，不論是在全校會議、學校走廊，還是在社團活動、英才學級等都會遇見——總以為只是偶爾會想起那段不愉快的往事而已，從未想過六年級的痛苦竟然是和五年級發生的不愉快有關。直到孩子上了高一以後，我才終於知道國小六年級時發生了什麼事。原來曾經受過的傷，會演變成各種形式繼續折磨孩子。

沒能守護友情與身為旁觀者的罪惡感

自從大女兒升上六年級以後，她就認識了一名女同學D，兩個人很投緣，下課後都會一起在住處附近的長椅促膝長談，通常一聊就會聊好幾個小時，就這樣天天膩在一起、形影不離。某天中午，班上一群同學主動邀請妍秀加入她們一起吃午餐，妍秀沒有多想，純粹覺得能有機會多認識一些朋友也不錯，於是欣然接受了她們的邀約。

但那些同學竟然私下指著和妍秀很要好的D說：「她真的好奇怪，妳可能還不曉得，她是這間學校出了名的邊緣人，妳要是不想和她一起被排擠，就最好離她遠一點，別再和她走那麼近。」

那天，妍秀受到了非常大的衝擊。由於女兒是轉學生，好不容易熬到了新學年，但因為對這間學校還不是很熟悉，所以不禁心想自己是不是消息太不靈通，對D的背景不了解。要是繼續和風評不佳的D走太近，說不定日後自己也會被排擠，變得只能和她一起玩，女兒對此感到困擾不已。

自那天起，妍秀就加入了這群同學，和她們一起活動，每當團體成員在說D的壞話時，雖然妍秀會感到難過，但也只能默默聆聽。最終，聽說D直到國小畢業都是孤伶伶隻身一人，而這件事情又帶給妍秀另外一種痛苦。

一方面是沒能守護朋友的罪惡感，另一方面是宛如背叛朋友的自責感，這兩種感覺使她內心產生極大愧疚，心臟也像是被緊緊抓住般痛苦不堪。但是她也不否認，自己的確是因為害怕連帶遭殃，被同學們排擠，所以才選擇與D漸行漸遠。她當時就是抱著難受的情緒，度過了一整年。不僅如此，在她選擇加入新團體之後，雖然有了歸屬，卻一點也開心不起來。在團體裡她總是提心吊膽，深怕自己哪裡表現得不夠好被驅逐出去，所以每次都得迎合她們，假裝自己也對她們聊的話題感興趣，從而逐漸失去自我，自尊感也日漸下滑。

一開始我完全無法理解，原本是非常愛自己、聰明伶俐、飽受疼愛長大的孩子，為什麼會做出如此荒謬的選擇，但是後來我想起了過去曾在某本書裡閱讀到的——聰敏女孩的普遍特質：隨著邁入青春期，會為了讓自己能融入特定團體而刻意隱藏自己較為突出的能力，努力使自己看起來平庸，最終也變得平凡無奇。

除此之外，我也想起了小時候的妍秀，每次只要我一喊「暫停」，然後走去隔壁房裡冷靜五分鐘，她就會一臉難過地看著我說：「媽，我覺得這五分鐘簡直就像一輩子一樣漫長，彷彿一個人被遺棄在這世界上一樣，害怕妳再也不回來找我。」

我不禁心想，會不會是因為和自尊感較低的我長時間相處的關係，她也自然而然承襲了我下意識所展現出來的負面情感？我對此毫無頭緒，心痛到無以復加的地步。

隨著霸凌問題成為社會議題之後，我聽說每學期一開學，校方都會為學生們安排與此相關的教育課程。照理來說，班上要是出現不公不義的事情，一定要隨時向老師通報才對，但現實是有許多老師根本不曉得班上同學之間發生了什麼事。而且根據女兒們的轉述，許多時候孩子其實也不太曉得究竟該不該向老師通報。

有些老師會認為，點出同學的錯誤等於在「告狀」，所以會開門見山地警告同學，千萬別來找老師告狀。假如自己和加害者及受害者交情都不錯，卻把加害者的惡行舉發給老師知道，也會被認為是抓耙子，所以孩子往往會不曉得該如何是好，陷入兩難，最終只能選擇袖手旁觀。但是隨著「旁觀者也是一種加害者」這句話出現，又再度使她們陷入罪惡感的深淵。到底該如何應對處置，有太多情況是孩子難以區分判斷的。

有時我會認為，不論是叫學生不准告狀的老師，還是呼籲「旁觀者也是一種加害者」的社會，其實都不是真正想解決問題，反而讓成長中的孩子背負了更多罪惡感也不一定；而這可能也是已成罪人的上一代，無意間將自身傷痛傳承給下一代的表現。

因為善良而更痛苦

二女兒就讀國小時發生過一件事，學校有名女同學會不斷地稱讚她，試圖想要和她當好朋友，當時二女兒並不排斥，所以都會和對方一起吃飯，放學回家的方向也一樣，兩個人經常一起放學。某天，這名同學說自己有個祕密要告訴她，於是邀請女兒一起去學校頂樓，二女兒沒有多想，跟著她一起到了頂樓，沒想到對方竟說出令人訝異的要求。

原來這名同學在這間學校長期遭受排擠，她的父母也即將要辦理離婚手續，她揚言要是二女兒不和她當朋友，要從頂樓直接一躍而下。當下二女兒感到十分害怕，所幸她向對方承諾不會對任何人說出這個祕密，兩人都安然無恙地下樓，但自此之後，她便獨自承受這股壓力，直到某天實在被壓得喘不過氣，放聲痛哭，才終於向我吐露實情。

不只老大和老二，我們家小女兒同樣也為人際關係苦惱不堪。她曾經當過夾心餅乾，被夾在兩名同學之間，雙方都堅稱自己才是小女兒最要好的朋友，並為此勾心鬥角。小女兒要是和A單獨吃飯，B就會找她理論為什麼要和A吃飯，還為此賭氣；下課時間，小女兒要是和B一起玩耍，A就會向她提出抗議。儘管小女兒提議乾脆三個人一起玩，可是這兩名同學堅決不肯，搞得小女兒左右為難。

最終，小女兒選擇遠離這兩位，加入一群全新的朋友圈，但由於A是被班上同學隱約排擠的對象，她非常需要小女兒的陪伴，所以來找小女兒好幾次，對這段友情鍥而不捨。然而，小女兒已經厭倦了當夾心餅乾的生活，所以直到最後都沒有接納A。這一件事在她心中留下遺憾，每每回想起這段往事，她都會對A深感抱歉。雖然即使時光倒流，她也不後悔當初做的決定，但是對於自己當時對A造成的內心傷害，仍使她自責不已。

小女兒對我說，人類是自私的動物，雖然有些行為是為了自己好，但是假如那些行為會傷及他人，豈不就是錯誤的行為？她對於自己終究也是個自私自利的人一事仍難以接受。

如同小女兒所言，明明都是深入認識之後會發現人很不錯的同學，為什麼就不能和所有人和平共處？為什麼會出現這種排擠他人的現象？著實令人百思不得其解。

善良的自私主義

亞洲大學醫院的外傷中心主任李國鐘教授，以將身中槍傷、投誠南韓的北韓士兵從鬼門關救回來而聞名。他曾在演講節目《改變世界的十五分鐘》中說過一段話，引發許多聽眾共鳴：「我國就算推動立意良善的政策，也不會落實到最底層的人民。因為不只有無數個反對團體，像我們這種普通市民也會阻礙政策落實。試想，假如有一架救援直升機想要降落在山上展開救援，但是一旁剛好有名登山客正在吃海苔壽司，那麼這個人一定會因為不滿直升機降落時弄得塵土飛揚，害他食物進沙而去向相關單位投訴；可是反觀其他英、美、日等國家，救援直升機卻能直接降落在住家附近展開救援行動；要是在我國，附近居民一定會因為直升機太吵，催促相關單位盡快將直升機停機坪遷移至其他地方。」

我曾經認真思考，究竟為什麼我們的孩子要去霸凌其他同學？要結黨結派？要去欺負那些落單、無法加入團體的同學？要是不喜歡某個人，只要遠離他、不和他玩就好，為什麼一定要拉攏身邊的好友，控制大家都不要和那個人玩呢？到底是從何時起，孩子們開始失去純真呢？

提出這些問題之後，我同樣也得出和李國鐘教授相似的結論——可能孩子們都從父母身上承襲了乍看之下善良無害、平凡無奇，實則只想著個人利益的那種自私主義吧。

聽說現在的小學生已經會問彼此：「你們家幾坪？住哪一棟公寓？家裡開什麼車？爸爸是做什麼工作？」諸如此類的問題。人與人之間彷彿存在著階級劃分，要是達不到自己的標準，就可以理所當然地瞧不起對方，或者展現出鄙視的態度，到底孩子們這些行為都是從哪裡習得的呢？想當然耳，一定是從父母那裡耳濡目染的；比方說，孩子認識了一名新朋友，「他功課好嗎？住哪裡呢？爸爸做什麼的？」父母問的這些問題就成了孩子們的學習範本，有些父母甚至會說：「不要和那種小朋友玩」、「聽說某某的爸爸是醫生，記得和他當好朋友喔！」孩子們正是看著這樣的父母學習。我不禁想問，身為父母的我們，真的可以對孩子說這些話嗎？

國小五年級時，不停折磨我們家大女兒的C，聽說她的母親非常重視成績，在寶貝弟弟還未出生以前，她對大女兒傾心盡力，費盡所有心思照顧老大，但也因為母親過分看重孩子的成績，導致自從妍秀轉學過去以後，她就認為是妍秀搶走了她女兒C的位子，於是在嫉妒與憤怒之下，不只看妍秀不順眼，還會不停對自己的孩子施壓。

「妳一定要超越妍秀，要比妍秀厲害才行。我有打聽過妍秀平時如何讀書，聽說她都會閱讀報紙。」

這讓我想起，在英才教育院裡認識的一名媽媽所分享的親身經歷。她曾接到家長們的電話通知，赴約前往後，竟被其他家長圍住盤問她孩子功課好的祕訣是什麼，光從這種毫不顧及對方感受的冒昧問法，就能想見這些人在自己家中對小孩多麼的緊迫逼人。因此，才會有年僅國小的孩子，一考完試就猶如天塌下來般，嚷嚷著自己沒拿到一百分一定會被爸媽打死。這些行為究竟真的是為了孩子好，還是只想藉由孩子來滿足父母當年未達成的心願？

孩子的能量來自母親，要是孩子感到不舒服，就表示父母的能量也受到汙染。也許在那當下，這些行為看起來對自己不會造成任何損失，但是就像大女兒班上那位嫉妒她的C一樣，我相信這種人遲早有一天會反被同學排擠，到時候再後悔也來不及，只是時間早晚的問題而已。

當我的孩子遭遇校園霸凌時

當小女兒在人際關係中萌生罪惡感時，我曾對她說過以下這段話：「媽可以體會妳對那名同學感到多麼抱歉，妳的心裡一定也很難受，但是假如那名同學都不考慮妳的立場，不停地糾纏妳，那又有誰會替妳著想呢？如果妳和那名同學相處並不愉快，而是倍感壓力的話，那又有誰來體恤妳的感受呢？妳明明已經邀請她和大家一起當好朋友，是她自己拒絕，讓情況僵持不下，使妳左右為難，那這部分又有誰會安慰妳呢？

「夏允，妳會替自己著想是理所當然的事情，這不叫自私，而是懂得尊重妳自己，所以不必對那名同學過度抱歉，不論面臨哪一種情形，永遠都要把自己擺第一才行。」

校園霸凌事件在網路上連日發酵的那段時期，一名不常聯絡的友人其長相清秀、聰穎善良的女兒，就是因為受夠了自己長年總是體恤他人、壓抑自身感受而選擇輕生，一條年輕的生命就此殞落。我看著這起事件，對於「自己的孩子只能自己守護」堅信不已，然而，假如這樣的情形已成社會現實，那我們更要在擁抱理想的同時，也好好正視現實。

我由衷期盼沒有人會遭遇到這種不幸，在此引用一段育兒專家吳恩永老師提出的建議：

當孩子遭遇校園霸凌時

吳恩永博士

如果是針對校園霸凌議題諮詢我的意見，我會建議父母，最好採取積極主動的態度，也就是家長親自去找加害人談判。因為霸凌同學並不是一項純屬好玩的遊戲或同學之間的嬉鬧，那些舉動會深深烙印在被害人心中，留下難以抹滅的傷痕。

先悄悄打聽出欺負孩子的主謀是誰，然後再選個日子站在校門口守株待兔，等對方一出現，就馬上上前詢問：「你就是哲浩啊？你知道我是誰嗎？」當妳突然這樣問對方時，該名同學一定會面露錯愕，並回答：「不知道。」接下來妳也不用對他破口大罵，只要冷靜地告訴他：「我是民秀的媽媽，我今天之所以來找你，是因為我知道你對民秀做了哪些事。你為什麼要對他做那些事情呢？」這時，對方可能會回答：「沒有為什麼。」也可能裝傻或矢口否認，接下來，妳要切記：不能叫他和妳的孩子好好相處，因為這麼說並不能夠真正解決問題。

「我其實都知道這些事，但是之所以現在才來找你，是因為你還小，我希望能給你一些時間反省，好好悔改，但是我已經不能再給你時間了，這是最後一次機會，要是你敢再動我兒子一根汗毛，我就會用一樣的方式以牙還牙。所謂以牙還牙，並不是像你追著民秀打那樣打你，而是指你也會遭受同樣程度的痛苦，讓你吃不完兜著走，你最好有心理準備的意思；你可能再也無法上學，還很可能需要配合警方調查。我會告你，所以最好給我安分一點。要是我今天說的這番話讓你感到不舒服，記得趕快回家找你爸媽告狀，我可以把我們家的地址留給你。」

最後，也別忘了提醒對方，「記住，以後千萬別和我們家民秀一起玩，最好離他遠一點，即便是好意接近他都不行，因為從此時此刻起，只要你接近他半步，我都會認定你是要欺負他，記清楚了喔！」因為主導霸凌或排擠的那些孩子，最常講的一句話就是：「我只是想和他一起玩，跟他開個玩笑而已。」

來自老師的差別待遇

自從把孩子送去學校以後，和人際關係一樣令父母頭痛的另一個問題便是師生關係，畢竟孩子只要一入學，就會展開為期十二年的學校生活，從國小、國中到高中，在這段求學期間，每個人或多或少一定都有過對老師心生不滿的經驗。

我認識一名母親，她的孩子天賦異稟，但是自從孩子上國中以後，就因為經常和老師起衝突而逐漸失去上學意願。這名學生非常優秀，只要和他閒聊幾分鐘，任誰都能明顯感受到他異於常人的才華；除此之外，從他參加學校各項比賽或交出的成品，就能一眼看出富含創意的同時還兼顧了完整性，是一名不折不扣的明日之星。然而，就因為一名有失公平、過分偏袒其他學生的老師，導致他的成果被貶低，這也使他陷入「反正不管我做多好都沒有用……」的消極感當中，放學後只會躺在床上一動也不動，整個人被無力感壟罩。

另一名母親的女兒則是在學校擔任班長，但是班導師對她的女兒說，班上所有問題都屬於班長的責任，讓她女兒背負了過多職責，使孩子心生畏懼，天天哭嚷著不想去學校。

大女兒就讀的國小，據說有名班導師每年都會鬧出事端（我是後來才得知）。傳聞是說這名老師每個星期固定要洗腎，所以情緒比較敏感一些，精神狀態不是很穩定，會嘲笑班上適應力不佳的學生，也會有推擠、體罰等動作。有一次我剛好撞見這名老師在取笑某位同學，當下讓我十分驚訝，但是由於班上大部分同學都在拍手歡笑，所以還以為是我誤會了這名老師，於是我也沒多想，就忘了這件事。

直到下學期某天，我接到一通來自保健室老師的電話，大女兒上學期就經常因為身體不適而去保健室，老師說他中間有一段時期沒見到我大女兒，還以為身體已經好轉，沒想到下學期開學以後，大女兒又經常出入保健室。於是我親自到學校拜訪保健室老師，再與大女兒促膝長談，才得知原來她一直都很受不了這名班導師的開玩笑方式，雖然班導師並不是對她說那些話、做那些舉動，但她還是很看不慣，每次心裡都會很難受。身為老師，面對程度落後的孩子，其實應該要更用心幫忙、給予鼓勵才對，但是這名老師反而加倍苛責，使她心生畏懼，也不曉得何時會再發生類似情形，所以每天都在學校過著心驚膽戰的日子。無法幫助同學的無力感，再加上同學被老師體罰時身心靈上產生的不適，大女兒覺得自己彷彿都能體會，所以總是出現頭痛、腹痛等症狀，經常需要去保健室尋求協助。

儘管我事過境遷之後才得知此事，但是似乎也有許多家長是敢怒不敢言，眼睜睜看著老師做出錯誤行為，卻沒有積極採取行動，因為深怕老師日後會把矛頭指向自己的孩子。雖然看似卑鄙，但這背後其實隱藏著母親的低自尊感，和我一樣從小被教育「老師的影子不能踩」的這一代父母，自然是沒有人敢選擇與老師作對。

當然，我知道也有正好相反的例子存在，我認識無數名在工作崗位上默默散布正面影響力的教師，有些老師不僅晚下班，下班後還留在學校研究如何提升上課品質，甚至認為單靠自己一個人的力量不夠，主動擔起召集人的角色舉辦各種活動，對身為老師一職盡心盡責。

但是假如不幸遇到不好的老師，與其一味採取低姿態，不如重新檢視自己的內在潛意識，思考一下自己可以採取什麼樣的行動，並在自己能力所及的範圍內發揮影響力，這樣我們的下一代長大後面對不公不義的事情時，才會懂得替自己發聲，抬頭挺胸地活著。

母親的功課④

用愉快的心情為自己做一件事

還記得最後一次買花是在什麼時候嗎？何時、為誰、基於什麼理由買鮮花的呢？買花的當下有感受到幸福的滋味嗎？是為了孩子入學、畢業、熟人舉辦的活動，基於禮貌和義務而購買的嗎？當妳湊過去聞花香時，嘴角是否不自覺地上揚呢？今天，就為自己，不為他人，買幾朵鮮花送自己吧。

不論是買一朵還是一束都好，試著買回家擺在餐桌上或客廳裡，先別去思考遲早會枯萎或浪費錢等問題，用一顆愉悅的心去嘗試看看再說吧。當妳試過之後就會明白，花為什麼要來到妳身邊，以及花帶給妳的禮物是什麼。

那些最難熬的時刻，正是你了解自己最多的時刻。

——瑪麗．比恩（Mary L. Bean.）

第五章

面對青春期孩子，更要不斷覺察自我

如果希望孩子功課好，你就要先對工作全力以赴；
如果希望孩子懂得理財，你就要先對金錢有健全的認知；
如果希望孩子幸福，那麼此刻的你就要先幸福。

害怕孩子長大獨立

每次看到不錯的書籍，我總是第一個推薦給大女兒，因為等她閱讀完以後，我們會根據書本內容，一起談論許多話題，對我來說是一件非常快樂的事情。但是不知從何時起，孩子在閱讀我推薦的書籍時，很惱怒我在書上畫重點的習慣，站在女兒的立場，平時已經和媽媽充分交流，也深知媽媽的想法和觀念，但是竟然連閱讀一本書都還要受媽媽畫的重點影響，因此感到不太開心。

雖然理解她生氣的理由，但我當下仍感到失落，為了讓大女兒也願意閱讀我喜歡的書，有一陣子，我刻意不在書上畫任何重點，為了讓她讀到好書而努力克制我的習慣，與此同時，我的閱讀量也明顯下滑，因為我的閱讀總是以畫重點為樂。

約莫在大女兒就讀國二時，她經常主張想要成為獨立個體，不再依賴媽媽。起初聽到她這種話時，我只是默默聽著，但是不曉得為什麼，聽久了以後，內心漸漸燃起一把無名火，搞得我心煩意亂，心中還會浮現「這世上還有哪個媽媽比我更懂得尊重孩子？什麼？要成為獨立個體？難道我過去有用狗鍊拴住她們、拖著她們？去哪裡找像我一樣明理又尊重孩子的父母？要是被其他人聽見，豈不是以為我是個一意孤行、作風強勢的母親，真是身在福中不知福！」的念頭，只差沒說出口而已。這些沒來由的煩躁與怒火，我還以為是來自孩子們不了解我過去付出多少努力與辛勞所致。

但是隨著不斷詰問自己，我才發現原來自己的心浮氣躁並不是因為有苦難言，完全是出於我不想和孩子分離的願望，因為我的分離焦慮，導致內心空虛、失落、生氣、厭煩、左右兩難、拿不定主意，這樣的念頭在我腦中一閃而過，宛如停電幽暗的房間重現光明。

從天而降的一記當頭棒喝，讓我看見孩子的羽翼日漸豐厚，想要嘗試靠自己的力量展翅飛翔，而我卻開始害怕自己被拋下，只剩我獨自一人，所以才會在內心深處浮現「那我接下來該怎麼辦才好？我還能和誰一起向前走？我又要變成隻身一人了嗎？」這些就連我自己都沒有察覺的真實想法。

一直以來，只要遇到好東西，我都會想要與孩子們分享，不論是美食、美景、有趣的電影、好書等，凡是能使她們人生豐富多彩的事物，都想要盡可能送給她們，但是在不知不覺間，個人想法與價值觀已逐漸成形的孩子們，開始斷然拒絕母親想給予她們的事物，只因為那些都不是她們想要的。如此引發的衝突，演變成我內心的幽暗之處，「孩子們都不了解我的用心良苦」，於是名為埋怨的箭便射向了她們，然後再看著她們頑強抵抗我所射出的箭，逐漸對自己的存在本身打上問號。

這件事情對我來說是一大衝擊，我原以為自己一直都有做好充分準備，將她們視為獨立個體，沒想到事實並非如此。在親身經歷之前，我從來都不曉得原來和孩子分開、讓孩子獨立是如此困難又痛苦的事情——明明孩子長大獨立是我腦海中引頸期盼已久的事情，甚至還幻想過等那一刻來臨，一定要大肆慶祝一番，沒想到實際面臨時，我反而是在孩子面前瑟瑟發抖、害怕被遺棄，那是一種難以言喻的憂傷。

比選美小姐還要漂亮的媽媽

這個故事發生在大女兒小時候，她突然跑來我身邊，用臉頰摩擦我的臉頰，對我說了一句悄悄話。

「媽媽，我覺得妳是世界上最漂亮的人！」

「（心情超好但還是要故做淡定）哪有，謝謝妳的讚美，但我應該不是最漂亮的喔！」

「（強烈搖頭）才不是呢！我認真覺得媽媽妳最漂亮，選美小姐雖然也很漂亮，可是都不會讓我想要一直盯著她們看。媽媽妳不一樣，妳會讓我想要一直、一直、一直看妳，怎麼看都看不膩。」

女兒這番話令我為之動容，「原來養小孩的樂趣就在於此啊！」我對於世界上有人如此愛我的事實感到十分幸福。

大女兒上國小時，還發生過另一件事。我當時在閱讀一本教養書，她剛好也對那本書感興趣，在她讀完之後，竟然用充滿感動的表情對我說：「媽，看完這本書以後，我覺得妳真的把我們養得很好。」

「是嗎？為什麼會有這樣的想法呢？」

「嗯，至少妳有把我養成相信自己的那種人。」

結果反而是我被大女兒的這番話感動不已，開心得合不攏嘴，「原來我的妍秀懂得相信自己，明明我在各方面都不是很厲害，這孩子卻不像我，反而懂得相信自己！」讓我整個人喜出望外。

我還想聽點別的！究竟在她眼中，我是什麼樣的母親？我是如何教育她的？為什麼她會認為自己被我教得很好？我感到十分好奇，所以繼續追問，她最後給了我這樣的回答。

「嗯，就算妳很生氣，也不會對我破口大罵。如果只是有點不爽，也都會主動先跟我們說抱歉，說自己哪裡有錯。妳經常向我表達愛意，所以我知道妳一直都很愛我，也總是相信我。每當我傷心難過時，妳都會陪我一起難過，開心時妳也會和我一起開心，當我的榜樣。這本書裡寫道：『教養的惡性循環是會代代相傳的』，可是妳並沒有讓歷史重演。所以在閱讀這本書的過程中，讓我感覺到妳真的很偉大。」

聽完大女兒這麼說，我整個人開心到彷彿快要飛去外太空，育兒這條路固然艱辛，但是聽到這番話，又讓我重拾了滿滿力量，想要再次努力嘗試。孩子的每一句話，對我來說都成了莫大的力量。

大女兒就讀國中時，我在某個因緣際會下接受了《韓國日報》的採訪，結果訪談到一半，恰巧碰上放學時間，於是就讓孩子們也順便一起接受了採訪。當時妍秀說了一段話：「在這緊迫盯人的社會裡，很慶幸永遠都有家人當我的穩固靠山。」並說道，「我尤其喜歡自己是誕生在我們家。」這讓當時採訪的記者不禁讚嘆，怎麼能在即興發揮的採訪中，將自己的想法表達得如此有條理，觀念也很正確，對大女兒讚譽有加。

開始進入青春期的孩子

從上述內容可見，原本如此喜愛媽媽的大女兒，剛升上高中一週，回來就對我拋出了震撼彈。

「我討厭回家！媽，一直以來妳給我的那些愛根本就不是愛！妳總是讓我滿心期待，彷彿永遠都會給我滿滿的愛，但是每到關鍵時刻，妳都會一而再、再而三把我拋下。在我傻傻相信『妳給我的是愛』的成長過程中，我一直下意識地去否定自己的感覺，並催眠自己媽說的都是對的，於是最終我變得不再相信自己，正因為我選擇相信妳說的話，所以反而懷疑是我的問題。但事實證明我才是對的，妳必須向我道歉！我希望妳可以好好跟我道歉！」

大女兒的青春期約莫從國二開始，當時她一心想上英才高中，於是我幫她研究了一下如何申請報名等資訊，發現單靠孩子的力量去準備是有難度的，所以決定送她去補習。但是經過一番考量，我認為應該先冷靜評估孩子的實力、儘量減少去補習的次數（說不定還能節省一些補習費），所以就帶著大女兒到一間專門協助學生報考英才高中的知名補習班，接受了程度評估測驗，結果出乎意外的是，只有做過一本基本試題的大女兒，竟拿到了足以直接進入英才補習班的高分。

補習班院長完全不願相信，大女兒至今都是靠自學沒有補習的事實，甚至表示妍秀的程度並不符合目前的課程進度，所以要大女兒不妨先上程度低一階的科學高中班課程，等下學期再做一次程度測驗，到時再加入英才班也不遲。我當下實在無語，妍秀從未見過科學高中班早已複習過好幾輪的數學公式，一樣能考出好成績，這位院長卻一口咬定她不適合英才班，還要她再接受一次測驗，這實在太不合理……。

而且，這間補習班的費用十分可觀，假如只是補習一、兩個月，我還能想盡辦法籌出這筆錢，但是當時我們還要償還先生經商失敗的債務、生活費、房租都是固定支出，要是再負擔如此高昂的補習費，的確會給我們家造成很大的壓力。

最終，大女兒因家庭經濟條件放棄補習，只能繼續自己一個人埋首苦讀。她透過上網蒐集到的零散資訊，購買了國際數學奧林匹克教材，獨自在家研讀解題。那一個月對她來說簡直度日如年，宛如置身地獄。國際數學奧林匹克的題型和學校教的數學題型相差甚遠，和創意思考數學也是截然不同的檔次，好不容易解完一題，下一題又卡關，費盡心思解出來以後，下一題又得花好長一段時間才解得出來，就算一整天坐在書桌前，也寫不完一頁習題。於是孩子變得愈來愈意志消沉。

「她一個人該有多麼辛苦呢？要按耐住內心想玩的渴望，還要自行調整讀書以外其他想做的事情，即便認真埋首苦讀，遇到不會的問題也沒有人能詢問或得到幫助，可想而知壓力會有多大。」再加上比別人晚起步的焦慮感、毫無準備的恐懼感，以及看著停滯不前的教材進度對自己產生的懷疑感，孩子就這樣在這一個月內，無聲無息地被學習擊垮。

到了國二下學期，大女兒偶然讀到了《幸福童年的祕密》（*Das Drama des begabten Kindes*）。她用低沉的嗓音呼喚我，雙眼泛紅、語帶哽咽地指著書裡的句子，向我問道：「媽，真的可以這樣嗎？」我看向孩子手指的那句話，是「其實你可以討厭父母。」

當時在探索心理與內在傷痛的我，肯定了孩子的提問，並告訴她當然可以討厭父母。妍秀因父親經商失敗三次，在往日擅長的課業學習中嘗到了挫敗的滋味；在深受人際關係煎熬的國小時期，因母親未盡保護義務而心生埋怨，但是與此同時，她也很清楚知道父母多麼愛她，所以一直不敢表露內心真實想法，也不敢反抗、抱怨，獨自隱忍了許久。

大女兒直接痛哭失聲，幾天後便主動告訴我她再也不想讀任何書了。自此，大女兒正式進入青春期，學校課業、英才高中的考試準備，她統統放棄，就這樣度過了三年半的時間。原本看似耀眼的讀書才華，也因缺乏習慣的支撐而出現變化。身為母親，目睹這一連串的過程簡直心如刀割，雖然很難過，但也無法對她做出任何苛責。那是一段內心斷捨離的時期，原本是前程似錦的孩子，我卻沒能守護她的才華與熱情。

「假如當初讓她按照院長的建議，先進科學高中班上課的話會怎樣呢？至少不是自己一個人土法煉鋼，而是和許多同學們一起解題、一起走在同一條道路上，這樣她是不是就不會這麼辛苦了？要是遇到不會的題目，也不用自己想破頭，可以找老師討論，這樣是不是更好呢？要是投胎到經濟條件比較好的家庭裡，她的才華應該就不會被埋沒犧牲了。」

有段時期，我一直沉浸在這樣的念頭裡，對孩子的愧疚也轉變成對先生的埋怨。與此同時，正值青春期的孩子言行舉止也使我身心俱疲，雖然我還是盡可能去嘗試理解孩子的想法，接納她的所有言行，但是偶爾從內心深處還是會竄出難以壓抑的委屈和鬱悶。

無法同理孩子內心感受

某年父親生日那天我有兩場演講，為了不錯過父親的生日，想要親手送上滿載心意的微薄紅包，我忍著身體飢餓，演講一結束就抓緊時間飛奔回娘家。從仁川、大田、巨濟一路由北往南，轉乘了好幾輛客運，才抵達釜山。然而，父親一見到我便脹紅著臉，質問我為什麼這麼晚才到，雖然我不斷解釋之前早已說過今天有兩場演講，卻仍難以平息父親的怒火，甚至將我遞給他的紅包一把扔在地上。

「妳以為妳很了不起，所以能到處演講啊？勸妳還是醒醒吧！很快就沒人要聽妳說話了！真是想得美啊，別以為永遠都會有人找妳演講，周遭的人當然只會說好話，才不會對妳說真心話。我是妳爸，說這些話都是為妳好，要知道感恩，懂嗎？還不是因為擔心妳才說這些話！」

父親沒頭沒尾地數落了我一番，我為了和他吃這頓生日晚餐，一整天什麼也沒吃就匆忙趕回家，我究竟犯了什麼滔天大罪？我完全不曉得自己到底做錯了什麼，只能默默聆聽父親脫口而出的傷人之語。於是我終於明白，「原來我不只被母親用言語和肢體暴力對待，也受到了來自父親的大量傷害。」

直到那天我才發現，原來在我的成長過程中，因為受到來自母親的傷害太大，導致自己一直在美化父親的形象，不斷地自我催眠：「至少我還受到父親的疼愛」，但事實上，他的教育方式不僅讓我變得毫無自信，甚至還會貶低自己，將自己視為一無是處的人。儘管後來我嘗試告訴他，只要他能夠默默支持我，我就能表現得更好，結果沒想到反而被父親怒火中燒地指責，說我怎麼有臉訓誡養育自己的父母。

在這種家庭背景下長大的我，為了不讓歷史重演，避免這種傷害又傳承給下一代，我盡了很大的努力，想盡辦法給予孩子們更多的愛與鼓勵、提供她們更良好完善的環境，但是進入青春期的大女兒竟然說我給的這些不是愛，這對我來說有如晴天霹靂、萬箭鑽心。

事實證明孩子的話千真萬確，每到關鍵時刻，我都是選擇拋下她，讓她獨自一人。每當她哭鬧不休、生氣不講理時，我都會一忍再忍，想辦法讓自己沉住氣，但是最終好像都沒有忍成功，因此選擇用各式各樣的藉口逃離現場。我萬萬沒想到，原來這樣的舉動又對孩子造成了二次傷害。每每聽到女兒用「妳每次都把我拋下」這句話來表達時，雖然很難接受，卻也不可否認。在那段期間，我總覺得自己已經努力做到九十九分，卻只因為那沒做到的一分而被孩子全盤否定，所以不可諱言，我內心委曲、憤怒，甚至動過危險念頭。自從我開始練習表達內心真實想法以後，才變得比較能聽得進孩子所說的話。

大女兒從學校宿舍回來，理直氣壯地叫我要向她道歉的那天，我也不曉得為什麼，當下立刻就讀到了她的內心，可能已經因我而感到受傷。大女兒告訴我，她在學校的諮商課上做了「創傷後壓力指數」測驗，這是一種評估一個人經歷過重大事件或重大事故以後，在內心形成了多少陰影的測驗，結果妍秀測出來的數值非常高，諮商師推薦了一本書給她，妍秀讀著讀著，竟發現書中強調父母不該對子女說的話、做的舉動，從她國小開始，我竟然統統都對她說過、做過。

「這沒什麼大不了的……時間會解決一切……沒有朋友也無所謂……把重心放在讀書學習上就好……妳怎麼不早說……？」

「媽，妳也有對我說過書上寫的那些話，甚至讓我懷疑自己是有問題的人。原來我之所以從國小開始瘋狂寫文章，是為了克服內心陰影，是身體基於本能所啟動的自我保護機制，可是當時的妳，一直都是用一種充滿擔心的眼神看著我，雖然沒有多說什麼，但是從妳的眼神中看得出來，妳根本就不看好我，讓我很有罪惡感。每次只要寫文章，就會覺得自己好像做錯事情，對妳感到極度愧疚，可是又非常痛恨那樣的自己！」

給予愛的同時也給了傷害

大女兒的說法是，自從國小五年級有過那段人際關係的痛苦經驗以後，她便開始藉由寫作來療傷，當時她並不曉得，原來這是一種治癒自己的方式，直到讀完書以後，才得知原來內心有陰影的孩子，有些會靠寫作來治癒自己。她回想當時，發現自己竟是如此奮力地守護自己，做為母親的我卻是用負面眼光看待。

經過她這麼一說，我回想起一些畫面，女兒當時只要放學回到家，就會躲進房間裡，打開電腦不停敲打鍵盤，我問她有沒有什麼事，她也只回答「不想說」，所以我也不想多做追問，還以為是現在的孩子都比較早進入青春期。於是我放任她、默默觀察她、偶爾也會叨念她幾句，但是我當時說過的話、展現的態度，似乎都讓她感覺受傷。

「每次我只要開始寫文章，就會覺得自己宛如垃圾一無是處。妳念我的那些話又說得沒錯，所以每當我聽到那些話時，就會覺得自己很卑微、更沒自信、沒出息。媽，拜託妳別再那樣對待我了，不論我做什麼事、展現出什麼樣子，都不要再用那種失望的眼神看待我，那會讓我感到窒息，彷彿只要沒滿足妳的期待，就會被妳拋棄一樣。」

她邊講邊哭，繼續說道：「其實妳給我九十九分的愛，會讓我更有罪惡感。就是因為對妳深感抱歉，所以我才會加倍痛苦……。」

從小被母親毒打長大的我，心中暗自立下絕不體罰小孩的原則。但是畢竟我生了三個孩子，很多時候都覺得自己遊走在崩潰邊緣，隨時有可能一觸即發。每次遇到孩子不聽話或者自己狀態不佳時，我都會有股很強烈的衝動，想要像我的母親那樣出手打小孩，又很擔心自己會像母親用「打是疼、罵是愛」來合理化打小孩的行為。所以每當被孩子氣到怒不可遏的時候，我都會喊暫停，然後到隔壁房間冷靜五分鐘，只為了守護我和寶貝孩子之間的關係。其實，我離開現場，獨留孩子在房間內，打著「為孩子好」的名義，實則是將她們拋下。

這樣的冷靜方式前前後後執行了三年左右，某天，正當我又準備要到隔壁房間一個人靜一靜時，大女兒突然一把抱住了我的小腿，開始放聲大哭，苦苦哀求我不要去隔壁房間，她邊哭邊說，沒有母親的那五分鐘簡直像極了一個人被遺棄在世界上，讓她感到非常害怕，拜託我至少不要離開原本的房間，就算要打要罵都無所謂，只要和她在一起就好。她哭得一把鼻涕一把眼淚，抱著我的雙腿遲遲不肯放手。

大女兒妍秀歷經父親三次經商失敗，她必須在動盪不安的家境中生活，並扮演好長女、乖小孩、模範生等角色，甚至要活在轉學後因人際關係而產生的內心陰影裡，回想當時，她的內心一定承受了不少痛苦……。

直到她向我傾訴這些想法，我才能真正理解並體會那些傷痛，發現原來過去的自己一直都只有用大腦去理解孩子，沒有用心去感同身受。**正因為我內心的傷實在太多，只在乎自己的委屈，導致看不見孩子的呼救；以為自己已經給孩子數不盡的愛，已經盡我所能地去愛她，但其實在給予愛的同時也給了傷害**，包括對這世界的擔憂、自我價值貶低、對金錢的焦慮等，一些屬於我個人的傷痛也統統都給了她。最令我痛心的是，她一直誤以為母親給予的愛是真愛，導致不斷地否定自己。

當孩子展現欲望與不滿時

孩子們還小的時候，每次只要帶著她們出門，就會有許多長輩湊過來向我搭話：「哎呀，這個時候最可愛了！等她們再大一點，妳就知道養孩子多辛苦。她們會變得超級不聽話、整天只會讓妳操心，還是這個年紀最可愛。」

其實我並不喜歡聽這些話，要是只有一、兩位長輩這麼說的話倒也無所謂，雖然很感謝她們對孩子的稱讚，可是每個人都像約好似的，異口同聲地提醒我，孩子愈大會愈難養、愈辛苦，當時我已經覺得養小孩夠苦的了，到底還能再多苦，讓我很是納悶。

一個人照顧三個孩子一整天下來，每到晚上，我都會被濃濃的睏意籠罩，但是孩子們依舊活力充沛，遲遲等不到她們的睡意降臨。每當她們一個接著一個呼喚我時，我都要依序陪玩、陪讀、陪吃飯，長期下來，全身無一處不痠痛。為了養育這些孩子，我早已累得不成人形，但是這些長輩們卻說，孩子還是小時候最可愛、最好帶，我當時實在難以理解，也無法苟同。

但是後來三個孩子長大、經歷青春期以後，我才終於能體會那些長輩說的意思，因為孩子們不會再被玩具、糖果、小企鵝 Pororo 影片收買，立刻止住眼淚；也不會再滿足於彩色貼紙或一片餅乾。她們會想要更流行、更貴、更好的東西，也會在每一件事情和物品上展現自己的欲望。小時候，就算沒有滿足她們的需求，只要經過一段時間，她們還是會回頭來向你討抱抱，但是進入青春期的孩子，一旦需求被拒絕，就會用各種方式展現她的不悅，諸如擺出臭臉「砰」一聲關上房門，拒絕溝通。於是乎，原本那個會笑、會鬧、只知道找媽媽的孩子，隨著時間流逝，也逐漸消失無蹤。

父母的內在小孩與孩子的成長欲望產生衝突

根據我個人的經驗，青春期其實是孩子從父母身邊獨立的第二個時期，第一次獨立期會出現在二到三歲，那是屬於肉體層面的獨立，有時候要你牽著她，有時候又不想被你牽，態度反覆，不斷挑戰自行上下樓梯及走路；等進入青春期的時候，就會展開第二次獨立，開始精神層面的獨立，為了找尋自我，態度變得更為善變，抗拒父母的期待，不停掙扎，只為得到父母百分之百純粹的支持。

一個人要成為完全獨立的個體，成長過程中勢必會經歷一段否定期，就如同弟子想要青出於藍，樹立自己的世界觀，就必須經歷一段否定師父教誨的時期一樣；孩子為了完成獨立，會全盤否定父母在過去所指導的一切，有如洗去身上的陳年汙垢般，澈底推翻父母的觀念。只要發現某段時期，親子關係一直瀰漫著一股緊張氛圍、常常與孩子起衝突的話，那就表示孩子已經邁入青春期。

除此之外，這個時期也是「孩子的成長欲望」與「父母的內在小孩」起衝突的時期。孩子年幼時，不太會有什麼真正和父母起衝突的情況，但是隨著孩子日漸長大，父母會對孩子有愈來愈多期待，導致孩子的欲望與父母的期待出現摩擦，自然免不了衝突，但是父母必須意識到，自己的欲望其實是來自於受過傷的「內在小孩」的原始欲望。

隨著孩子邁入青春期，父母一定要用不同於以往的方式養育子女，不再著重於如何把孩子養好，而是回頭檢視身為父母的內心狀態，專注在自己的人生才行。不是看著大器晚成的孩子，質問他們：「為什麼在你身上都看不到任何可能性？」而是反問自己：「為什麼沒有辦法耐心等候孩子成長？」；不是看著已經充分展現可能性的孩子，暗自憂心：「萬一只是曇花一現的話，該如何是好？」而是反問自己：「為什麼沒有辦法相信孩子，如此焦慮不安？」；不是用「這個孩子到底怎麼了？」、「是有什麼問題？」、「這點小事有什麼好喊苦的？」這種負面眼光看待他們，而是要觀察自己到底為何難以啟齒「是啊，你一定很辛苦吧」、「嗯，你說的也對」這些話呢？藉由這樣捫心自問的方式，重新檢視為人父母的內心狀態。

其實**難以接納孩子當下的狀態，是因為父母被困在自己的框架裡，而這些框架大多是源於兒時的匱乏。**

不只是青春期的孩子，隨著他們的社會生活（幼稚園或學校生活）正式展開，家長也必須調整育兒方式。假如孩子在幼稚園明明沒有受傷，卻因為自己的擔心焦慮而過度反應，教導孩子從今以後要懂得還手，那麼你就要重新審視自己的內在，反覆問自己為什麼會對孩子做出這種建議。假如孩子哭著從學校回來說：「今天坐我隔壁的同學把我的東西搶走了。」切記不要回答：「可能他是想要用這種方式和你玩？」藉此忽視孩子的情感、迴避並扭曲事實。你可以試著先同理孩子的感受，再檢視自己為何會想要試圖去忽視孩子的感受。坐在哭嚷著自己都沒朋友的孩子身旁，不要感到自責，你可以等孩子充分哭完以後，鼓勵他自行尋找答案，再與他並肩前行。

只要父母足夠堅強，孩子就不容易隨外在世界起舞，為此，身為父母要一直不斷地洞察自我內心，找到自己才行。身體力行一段時間過後，你會發現這股能量也會傳遞到寶貝孩子身上，最終，自己和孩子都會一同成長。

媽媽幸福，孩子就會幸福

自從與三個孩子一起度過青春期以後，我才終於知道，原來孩子們依然像小時候一樣看著父母的背影長大。在她們還小的時候，我以為孩子只是純粹學習我的說話方式、行為、習慣等表面樣貌，但是隨著孩子日漸長大，我發現原來她們也會學習父母面對人生的態度。

如果希望孩子幸福，那麼現在的你就要先感到幸福；如果希望孩子擅於社交，那麼現在的你就要建立好的人際關係；如果希望孩子將來能生活富裕，那麼現在的你就要先對「金錢」有健全的認知；如果希望孩子功課好，那麼現在的你就要先對自己的工作全力以赴。

有一個說法是，孩子是仰賴父母的犧牲長大，假如你有個凌晨因為肚子餓而哭得聲嘶力竭的孩子，那麼比起自己的睡意，滿足孩子的生理需求才是對的；假如你有一名好奇心旺盛、喜歡翻箱倒櫃的孩子，那麼比起教訓他不准這麼做，滿足並尊重孩子的欲望才是對的。

可是單靠父母犧牲長大的孩子，從父母身上習得的同樣也是犧牲，長大以後很容易失去自我，為滿足別人的欲望而活，再者，等哪天對此感到厭倦時，內心也會產生等同於犧牲程度的憤怒與委屈，嫉妒別人享有自己未能享受的樂趣，不斷傷害自己，也傷害身邊的人，到最後傷人又傷己。

最終，養育孩子其實是重建自己、使自己成長的事情。除此之外，所謂的愛自己，其實也包括愛自己的小孩，甚至包括愛他人。父母就是這樣邊養小孩邊成長的。

假如你認為現在的幸福是來自於教子有方的話，只要繼續專注投入在如何養育小孩即可；假如你認為身為父母應該成為孩子的典範、把生活過好的話，就得先顧好自己。以上不論哪一種選擇其實都正確，只要去做自己更需要、更渴望的事情即可。

假如顧孩子已經顧到膩了，覺得和孩子相處的日常已經不再有趣，那就暫時讓自己喘口氣，休息一段時間，不妨嘗試做一些能讓自己開心的事情，過一陣子說不定就會重新出現想要照顧孩子的念頭，到時候再認真享受育兒樂趣就好。

假如你認為先顧好自己比較重要，那麼就暫時把孩子排在較後面的順位，把所有精力投注在自己身上，先專心照顧自己，而不是還一邊想著自己是不是不夠盡責的父母，被罪惡感籠罩，這樣做也不是、那樣做也不是，只能在原地徘徊。當你專注在自己身上一段時間後，有一天你會赫然發現，**自己的內心需求被滿足多少，就能看見多少孩子的內心需求**，到時候再認真面對處理即可。

還不能放開孩子的手

雖然我一直強調，面對青春期子女，父母該做的努力，不是針對孩子而是要針對自己，但這絕對不是在呼籲家長完全不去關心小孩，反而應該要持續地默默關注才行。

其實像大女兒經歷的那一連串人際關係問題，也是因為我當時聽信周遭人士的勸言，諸如「孩子們都大了」而太早放開大女兒的手才導致。正因為大女兒已經是很有主導性、不讓父母操心的孩子，所以才會使我更加確信自己應該幫不上什麼忙，認為她會自己看著辦，當時看起來也的確是如此。可是事隔多年後，我無意間看見知名兒童精神科醫師徐千石在其臉書上刊登一則有關青春期育兒的文章，才讓我對當年自己的處理不當感到懊悔萬分。

孩子的青春期是育兒路上最辛苦的兩個時期之一，許多人以為這段時期只要放任孩子不要干涉太多即可，但是往往事後都會懊悔不已。（中略）假如孩子幸運，惹出的問題會在神不知鬼不覺中自行解決，但是假如孩子運氣不好，父母就需要扮演重要角色。

這恰巧是我和三個孩子的寫照。

和青少年對話的方法

教育心理學家暨兒童心理治療師漢恩・吉諾特（Haim G. Ginott）博士，在其著作《有話慢慢說：父母如何與青少年溝通》（*Between Parent and Child*）中提到父母對青春期子女常說的「七種不當的回應」：

一、評判說教式的回應。
例如：「你是在期待什麼？人生不會按照你想的樣子走。如果想找到工作，就需要面試五次，不，十次也有可能。」
二、老套的安慰回應。
例如：「羅馬可不是一天造成的。你還太年輕。別失望。當上帝為你關了一扇門，也會同時幫你開一扇窗。」
三、以自身經驗舉例的回應。
例如：「我在你這個年紀的時候啊……。如果想要給人留下好印象，問我就對了，我知道該怎麼做。」
四、輕視對方狀況的回應。
例如：「真不曉得你有什麼好沮喪的，又沒什麼事需要你操心。世界上又不是只有這一份職缺。」
五、放大缺點的回應。
例如：「你只要一不小心就會說錯話。你的攻擊性太強。你缺乏毅力、生性敏感，所以很容易受傷。」

六、陷入自怨自艾的回應。

例如：「太慘了。真不知道該說什麼。我也好心痛。其他人真幸運，經常遇到貴人，可惜我們沒什麼人脈。」

七、過度樂觀的回應。

例如：「船到橋頭自然直。錯過這班公車，下一班很快又會到站。說不定還會出現更好的職缺。」

孩子們還很小的時候，我為了做好迎接孩子青春期的心理準備，而閱讀了《有話慢慢說：父母如何與青少年溝通》這本書，但是讀到一半我便將這本書隨手扔到了一旁，因為沒有辦法切身體會，再加上作者提出的這幾種回應看起來也不是什麼負面話語——事實是當時的我，早已常常將這些回應掛在嘴上。

對於當時年紀尚幼的孩子來說，我的回應並沒有引發她們不滿，作者卻強調家長不該對孩子說這些話，所以使我難以苟同，甚至認為怎麼會有這種書，家長連這種話都不能說嗎？但是自從經歷孩子的青春期以後，我不得不承認書裡介紹的實例恰巧都和我遇到的情況吻合，作者的每一句建言也成了句句箴言。

不過，顯然不是只有我扔過這本書，我曾經聽徐千石醫師在Podcast節目中提到，他每次只要向家長們介紹吉諾特博士強調的這七種回應，家長就會展現「那豈不是都沒有話可以對孩子說」的反應。

根據徐千石醫師的建議是，青春期孩子的父母最好要練習長話短說，先同理孩子的感受，再盡可能給予充分的機會讓孩子可以放心傾訴，讓孩子說愈多愈好，這便是與青春期子女的對話方法。

我和青春期孩子溝通的方式

在歷經多次的嘗試與犯錯之後，我自己摸索找出與孩子溝通的方法有以下幾種，供各位參考。

1. 使用聊天軟體貼圖

隨著孩子日漸長大，每個人都有各自要忙的事情，能夠面對面說話的時間自然就會減少，反而使用手機軟體傳訊的機率較高。此時，比起只用文字打出自己想說的內容，不如添加一些表情貼圖，較能緩和文字語氣，和孩子之間的關係也會更為融洽。當你的孩子因為考試沒考好而難過沮喪時，與其打長篇大論安慰他，不如長話短說，簡單打幾句話就好，諸如：「媽媽不要求妳成績一定要很好」、「光是妳給我的快樂就已經很足夠」等，展現出對孩子無限的愛意以後，再附上能夠傳遞心意的可愛貼圖。每當我這麼做的時候，孩子們都會回我一個笑容燦爛的貼圖。

2. 隨時記下孩子喜歡的事物

曾以為這些孩子永遠會是襁褓中的嬰兒，沒想到時光飛快，瞬間就長大了，在不知不覺間，連喜好也有了改變。明明在我印象中，這孩子是喜歡吃雞肉的，怎麼轉眼間變得連看都不看一眼。於是我開始做筆記——夏允喜歡躺在我手臂上和我一起聊天；喜歡吃水果（蘋果、水梨、香蕉除外）、馬卡龍、軟糖、棉花糖、爆米花、海帶湯、醬油醃生螃蟹、沙朗牛排；喜歡大自然的聲音；喜歡嚕嚕米、《愛麗絲夢遊仙境》；喜歡香水、去電影院等……像這樣將孩子喜歡的事物統統記錄下來，偶爾給她驚喜送她禮物，孩子就會露出欣喜的笑容。

3. 分享自己的經驗談

我會與孩子們分享自己以前剛進學校的故事、暗戀男孩的故事、和朋友吵架的故事，還有和朋友一起玩過的骰子遊戲、跳橡皮筋遊戲等，將我的成長經驗談說給她們聽。不過，這和吉諾特博士提到的「以自身經驗舉例的回應」的意思不同，亦即，我並不是要你倚老賣老，展現出一副高高在上的態度，「我也經歷過你那個年紀，所以我知道你的問題」，並要求孩子只能按照你的方式去做，這樣的話，絕對會和孩子引發衝突；你應該用「我也有過和妳類似的經驗，也經歷過什麼都不懂的時期，雖然當時懵懂無知，現在還是一樣活得很好，所以妳一定也可以」這種充滿希望的口吻，孩子才不會對自己的未來感到焦慮，可以用平常心欣然接受當下的處境，而且還會想要繼續聽父母分享自己的過往經歷。

4. 如實表達自己的想法

與青春期的孩子對話，往往會發生「一開始只是小問題，聊到後來卻一直被孩子抓住語病，最後鬧得不歡而散」的情形，其實如果發現苗頭不對，就應該及時打住，把話題導回正題，就算只是為了「妳剛才是這樣說的」、「不，我才沒有這樣說」而爭論不休，也會使親子關係惡化、傷害彼此感情。

「我真心想和妳好好相處，要怎麼做妳才能夠感受到我的真心誠意呢？」

「我也有在努力，但是如果妳一直說我不夠努力，我會感到疲累，反而再也不想努力，希望妳也能認可我的努力。」

「我是真心愛妳，所以才會擔心妳。」

沒有什麼方法比如實表達自己的內心想法，更容易突破對方的心防，一旦有效傳遞擔心彼此、愛著彼此的心意，原本激動的情緒也會轉趨平靜，彼此也比較能找到妥協點。所以當我和孩子們溝通到雙方都開始有情緒時，就會採取這個方法，非常有用。

5. 檢視自己的內心

青春期的孩子之所以難以溝通，是因為我們對孩子的期待愈來愈多的緣故——放學回來要馬上寫作業、要去補習班上課、要拿到好成績、比賽要領獎回來、要和朋友相處融洽、不能沉迷於遊戲、不能太晚睡覺……。雖然這一切都用「為了讓孩子有良好發展」的名目來包裝，但其實仔細觀察自己的內心，多半是和自己的陰影有關。養育青春期子女的父母，尤其需要檢視自己的內心。

母親的功課⑤

去做平時不會做的事

試著去挑戰平日不太會去做的事情，有句話是這麼說的：「所謂成長，就是去做原本不會做的事，然後停止去做原本就會做的事。」

假如去做原本不曾做過的事，很可能會體驗到過去從未有過的感受和想法，宛如走進祕密花園裡，享受開拓視野與空間的喜悅。不論是去租漫畫、做美甲、吃小吃，還是穿一件自己喜歡卻很少穿的衣服、親自下廚並盛放在最漂亮的碗盤裡享受一餐、吃一頓頂級豪華大餐等，只要是平常不太會去嘗試，但會使妳心動的事情，不妨都去嘗試做做看。

與其讓孩子一個人受罰，不如短暫休息一下，去發掘自我內心欲求、真正的自己。要能給予自己，才能給予子女。

——雪莉．修柏（Cheri Huber）

第六章

看見成績以外的世界，陪孩子探索無限可能

真心喜歡的事物具有極大的力量，一切的焦慮與擔憂，都屬於父母，不屬於孩子。

被否定夢想的孩子

每次提起孩子的「夢想」或「未來出路」等話題，總會讓我想起大女兒的心願，而且每每都會感到心酸。

當初她剛進國小時，很快就適應了學校生活，從開學第一天起，就得到老師的認可，她是個傑出的孩子，在各方面都表現亮眼，將來一定能上特目高。除了對於每天要完成的作業還不習慣以外，基本上都沒什麼問題，所以我也放下了對於大女兒的擔憂，迎接全新日常。

就這樣過了一、兩個月之後，大女兒每次回到家，就會直接躺在床上，什麼事都不做，也不睡覺，就只是張著眼睛發呆一、兩小時。那段時期我正在寫書，歷經過孩子的幼稚園生活，也讓我有了一些經驗，所以當時只覺得大女兒應該是需要一段屬於自己的休息時間，我選擇睜一隻眼閉一隻眼，默默觀察這一切。所幸除了這件事情外，孩子在日常生活中的行為表現並沒有任何改變，表情也沒有變得憂鬱暗沉，躺在床上的次數也日漸減少，我也就沒特別放在心上。

但是小一下學期開學之後，我又看見她每天放學後一回家就躺在床上，我覺得這次應該和她促膝長談一番。

「妍秀啊，妳躺在床上時，都在想什麼呢？」

雖然已經事隔多年，但仍依稀記得那天從孩子口中聽到的驚人之語。原來她在思考關於神的存在，好奇世上眾神（阿拉、天父、佛祖等）之間的連結，以及神與人類之間是什麼關係，生而為人的自己又該過什麼樣的人生。

這些話著實讓我倍感驚訝，同時也憂心忡忡。「我國小一年級時都在思考什麼事情？才這麼小就想這些問題是可以的嗎？而且還想得這麼嚴肅、這麼久？她對自己提出的大哉問，怎麼能設定得這麼優秀呢？」

那些在我人生三十多年來，從未有過任何疑問的事情，竟由一名年僅八歲的孩子點出，當我聽見她對這些事情感到好奇時，比起開心，更多的反而是擔憂，「我能把這孩子教好嗎？我什麼都不懂，家境也不優渥，真的有辦法繼續把孩子教好嗎？」

後來大女兒仍然沒有忘記這些煩惱，小二時她對我說：「媽，我終於決定自己要過什麼樣的人生了，我想要在歷史上留名，我不是神，也不是動物，我這輩子是來當人的，在我看來，『虎死留皮，人死留名』這句話是對的，所以我一定要成為能在歷史上留名的人，雖然還沒決定自己要因為什麼事情而留名，但我會朝這樣的方向全力以赴。」

小四時則對我說：「媽，我找到在歷史上留名的好方法了！韓國是全球唯一的分裂國家，假如我能夠扮演促使兩國統一的主要角色，那我一定能名留千史，怎麼樣？聽起來是不是不錯？」

當時我嚇了一跳，原來她一直沒有忘記三年前的煩惱，更讓我驚訝的是，原來自己在聆聽孩子的夢想時，竟是感到憂心忡忡。

隱藏在孩子的夢想背後是父母的不安與恐懼

「啊？統一？要靠妳的力量來實現？假如真能實現，應該能名留千史，可是妳真的要去做這件事？做如此困難的事？哎呦，要是去做這麼危險的事，我的寶貝女兒遇到生命危險的話該怎麼辦？我不喜歡這種夢想……」

說到統一，我的腦海就會自動浮現從歷史課本和電影裡看見的流血、對決、間諜、謀略、生命危險等，感覺很容易賠上性命。正因為沒有辦法面對心愛的寶貝有任何閃失，我懷抱著難以言喻的複雜心情，尷尬地面對滔滔不絕地講述著自身夢想的孩子。

有段時期，為了讓大女兒的統一大夢更為具體，我們得出了「將來要當外交官」的結論。但是當時的她其實並沒有非常喜歡這個職業，只是因為我和先生能夠想到的相關職業只有總統和外交官，並且當時前聯合國祕書長潘基文的人氣如日中天，可以找到許多外交官的相關資料，於是我們用自己的有限思考來建議孩子，促使女兒把夢想設定為外交官。令人難過的是，當時的我並沒有意識到，父母的想法會影響孩子的成長空間。

大女兒升上小五後的某天，她滿臉愁容地看著我，告訴我她已經思考過很久，不管怎麼想都覺得自己好像不適合當外交官。猶記當時我是這樣回答她的：「媽只希望妳永遠幸福，妳為了在歷史上留名而努力不懈，那是很棒的一件事，但是假如在這樣的過程中，妳受到極大壓力、人生過得痛苦不堪，那我也會很難受，我希望妳可以做自己真正喜歡的事，並藉由那些事感受幸福。要是妳做的事情剛好還能幫助到其他人，我也會替妳感到開心。現在的妳還有許多時間和無限可能，所以好好珍惜機會，慢慢去體驗、慢慢去發掘吧。」

我認為自己是不重視社經地位、名譽、權力、財富的父母，真正以孩子幸福為第一優先的優秀父母，充分在孩子面前展現了「幸福至上主義」。

然而，大女兒突然落下一滴眼淚地說：「媽，我一定要達成我的夢想才會幸福。」直到那一刻我才發現，原來我的內心隱憂，正在不斷地啃食孩子想追求的遠大夢想，而且那份否定不是針對孩子，是針對我自己，因為我沒有把握可以淡定地看著孩子在追夢的過程中受傷、挫折、痛苦，所以才會下意識地去否定這份夢想；因為覺得自己會痛苦萬分、自認不足、過度傷心，其實是在否定自己，因為我知道自己沒有辦法承受這一切。除此之外，我也看見原來自己內心深處一直隱藏著「假如孩子沒能順利實現夢想，我也等於是一名失敗的母親」、「孩子的成功就是我的成功」這樣的想法，當我體認到這項事實以後，基於對大女兒的慚愧，我痛哭許久。

對孩子的夢想感到不安

透過養育三個小孩，讓我無數次體會了這個事實：「原來領悟一件事情，光靠一次的自覺是不夠的」，懵懂無知的我犯過多次類似失誤，在屢屢犯錯之後，才會銘記於心。

三個孩子還小的時候，我們家有著餐桌聊天文化，也就是邊吃飯，邊聊各式各樣的話題。在孩子們就讀國小時，我偶爾會念一些新聞報導，通常都是孩子們長大後會面臨到的社會相關議題；比方說，未來的人會需要同時從事多份職業，終生學習的重要性等，而孩子也在這些閒聊中不知不覺長大。

某天，當我發現她們對自己的未來充滿擔憂、不太有自信時，感到很不可思議。明明是學校成績優秀、多才多藝、對各種領域都有興趣、在英才教育院上課的孩子，究竟為什麼還會對自己的將來惴惴不安？經過一番思考之後，我才終於了解到背後原因。原來是我在和孩子們進行餐桌聊天時，每次談及未來社會變遷以及孩子們將來的出路問題，都會夾帶著我自己對未來的不安與焦慮，而這些情緒也都如實的傳遞給她們。

我沒有傳遞「將來的世界變化迅速，一定會比現在更精采，生活也會更富饒」這種對人生的希望與期許，而是刻意把「不曉得將來會變成什麼模樣，倒不如趁現在年紀還小、能盡情享受自由的時候，多累積一些經歷、了解自我，全力以赴在現實中好好培養實力」這種充滿憂慮的心聲隱藏起來。我自以為在孩子們面前隱藏得很好，說話得體，以為只要把真實心聲深埋心裡即可。當時的我並不曉得，原來這些內心擔憂根本掩蓋不了，就在自己也毫不知情的狀態下，透過眼神、口吻把自己的焦慮不安傳遞給了她們。

「孩子們會看著父母的背影長大」，背影不只會呈現父母的行為、態度等外在表現，也會展現父母內心擁有的各種情感，這件事情是我在育兒這條路上跌跌撞撞體會到的事實——不論父母是否願意，對於孩子來說，父母永遠都是一面鏡子。

孩子的夢想跟自尊感相關

最近的教育也特別關注孩子的未來出路問題，比方說，以全國國中生為對象實施的「自由學年制⑦」，就是把主力放在探索未來出路，而非傳統的考試或在校成績，整體教育環境已經有所轉變；除此之外，大學入學隨時招生⑧、特目高、英才教育院等，也都會要求學生在提交自我介紹書時要寫到個人夢想。雖然這種教育模式是朝著正確的方向邁進，卻也有諸多問題。

其中一項問題就是，沒有夢想或者經常更換夢想的孩子所感受到的「相對焦慮感」，其他人都已經找到自己的夢想，踏上勇敢追夢的道路，反觀自己，卻還沒有設定好目標，這樣的焦躁感會使孩子意志變得愈來愈消沉，像這種情況，父母就需要懂得尊重孩子的性格，持續傳遞一些能夠安撫焦慮與擔憂的暖心話語給孩子。

你必須告訴小孩，設定將來出路並不是愈快愈好，假如到大學畢業為止都沒找到自己想走的路也無所謂，眾所周知，許多知名人士也不是一開始就擁有明確夢想和目標，他們也是在人生的次要道路上發現喜悅，再轉換跑道，全力衝刺。**所以重點不在於「什麼時間點決定未來出路」，而是「孩子如何評價自己」的自尊感問題。**

大女兒曾在和我閒聊未來出路時，與我分享她一名國中同學的故事，這名同學為了從事美容相關行業，每天放學後就會去美容補習班上課。某天大女兒問對方，「妳長大以後，想要開一間自己的理髮店嗎？」結果對方回答：「其實我也沒有那麼遠大的夢想，只希望能在理髮店找到一份工作而已。」

這名同學純粹是想在理髮店上班，沒有想成為理髮店店長的意思，甚至從不認為自己將

⑦指在國一的一年，學生們能按照自己的興趣與技能，學習多元化的課程。
⑧是一種只參考高中三年在校成績和表現、面試成績等的招生方式，類似臺灣的推甄制度。

來會有能力開一間店。大女兒在與我分享這段故事時，她說：「媽，我認為人能懷抱夢想這件事情本身就是一種權力，因為實現夢想的資格是從能夠做夢開始。」

我完全能理解她這句話，像我就是連做夢的權利都沒有的孩子。在我被母親用言語和肢體暴力對待時，我一直認定她一定不可能是我的親生母親，每當感到寂寞無助時，我就會想像生母一定是在世界某個角落，並深信只要自己再忍耐一陣子，乖巧誠實地過日子，疼惜我的生母就會來把我接走。

小時候的我也夢想成為主播，也想成為一名作家（小說家），但我總是認為自己不夠格、不可能實現這種夢想，並且不斷地洗腦自己，「像我這種毫無優點可言的人，怎麼可能當主播、當作家。」

孩子的夢想和自尊感，與父母平時說的話語、用什麼樣的心態對待孩子、如何看待自己以及看待人生息息相關。期待孩子選擇什麼職業之前，一定要先尊重孩子及他們自行設定的夢想才行，告訴孩子「如果是你的話，我相信你一定能實現這份夢想」，支持他們勇敢追夢。倘若沒辦法用這樣的心態支持孩子，你就需要先做深刻的自我洞察；假如現在的你，一直在強迫孩子接受你幫他設定的夢想，就必須好好回頭檢視自己，在你內心深處是否有著尚未痊癒的傷痛。就算這段自省的過程很痛苦，只要熬過去，終能替自己和孩子迎來幸福。就如同紀伯倫（Kahlil Gibran）說的，「你的孩子不是你的，他們只是經你所生。」

喜歡之事和擅長之事哪個比較重要？

自從三個孩子都開始上學後，我就一直煩惱著：當孩子在決定未來出路時，究竟該引導他們去做自己真正喜歡的事，還是做自己擅長的事？後來我想起了二女兒的鋼琴事件，得出了「人還是更應該追求自己喜歡的事物」的結論。

二女兒在七歲那年秋天首次接觸鋼琴，每次只要學校放假，就會跟著暫停練琴，學習過程中她要是說不想去，我也不會強迫她非去不可，於是轉眼間，她也彈奏了一年半的〈徹爾尼一百首練習曲〉，相較於大女兒不到半年就開始彈徹爾尼，二女兒算是一般或稍嫌慢的程度，對鋼琴不是很有天分。

某天，我在錄影帶出租店租借「芭比系列」動畫片時，二女兒對我說：「媽媽，我也想看《芭比之天鵝湖公主》！」為了實現她的請求，我重回店裡，準備租下這部動畫片，可惜偏偏這部片失竊了。女兒嚷嚷著自己真的非常想看這部片，於是我努力多日，甚至下定決心就算是用買的也要買到手，然而，即便上網翻找過多次，也全都顯示售罄。

所幸過了三週左右，住在美國的朋友得知此事，便寄了一片《芭比之天鵝湖公主》DVD給我，但是我萬萬沒想到，在這段找尋期間，孩子竟然出現了驚人改變！

在不論多麼耐心等待都等不到自己想看的動畫片期間，二女兒突然從姊姊的鋼琴樂譜裡，找到了柴可夫斯基的《天鵝湖》，從那天起，她便認真投入練琴，從早上一起床就開始彈琴，吃飯吃到一半、看書看到一半也會去彈琴，甚至放學後連書包都還沒放下就直接坐到鋼琴前，她只要一有空，就會敲打琴鍵，即便姊姊和妹妹在一旁玩到忘我、看錄影帶，她也無動於衷，埋首練琴，就連補習班老師也告訴我，「賢芝整個人變了！」

坦白說，一開始我覺得吵死了，叮叮咚咚的，當時她的鋼琴實力根本不到可以演奏那首曲子的程度，也還不熟悉看樂譜，所以一直都是發出接近噪音的聲音。但是隨著她努力不懈地接觸鋼琴，竟能在不看樂譜的情況下彈奏出美妙旋律。

自那天起，二女兒的自信心扶搖直上，就連鋼琴老師也稱讚她有明顯進步，後來只要學到她喜歡的曲子，就會不斷反覆練習，直到她能完全熟記樂譜為止，最後甚至將夢想設定為「鋼琴家」。

有一次，當我經過正在彈琴的二女兒時，隱約聽見了嚶嚶啜泣聲，我轉頭查看聲音來源，竟發現二女兒情緒激動地邊彈琴邊流淚，我嚇了一跳，連忙去詢問大女兒。

「媽，妳不知道嗎？賢芝很常這樣，她會深受自己彈奏的樂曲所感動。」

孩子竟然會邊彈琴邊感動到流眼淚！雖然我不確定她將來會不會成為一名傑出的鋼琴家，但是既然能如此陶醉在樂曲裡，不免讓我暗自決定一定要支持孩子的鋼琴家夢想。

還有另一個理由，促使我下定這樣的決心，因為自從她沉迷於鋼琴以後，她的閱讀程度直接三級跳，變得可以直接閱讀高於自己程度的文字書。也許是在她對鋼琴充滿熱情的期間，偶然接觸到書櫃上的《命中注定的音樂家貝多芬》和《音樂神童莫札特》所致。

剛開始我看見二女兒在翻閱這些書時，心想：「妳還不到閱讀那些書的程度啊。算了，應該只是隨便翻翻而已。」但沒想到，她竟然向我表示那些書都好有趣，「媽！真的好神奇喔！貝多芬的書裡竟然出現莫札特耶！」我看得出來，她是真心享受在閱讀的樂趣當中，甚至還對我說：「可以幫我再多買幾本像這種頁數較多、內容豐富的書嗎？」我看著因鋼琴而提升閱讀程度的孩子感到驚訝不已。

我觀察好幾個月下來，也有了一些心得。首先我可以肯定的是，**「喜歡的事物」和「擅長的事物」兩者之中，一定要相信、支持並後援孩子喜歡的事物才行**，當然，這點從孩子們還很小的時候，我就有所察覺（孩子們很喜歡童話故事裡的公主，她們會透過歷史裡的真實公主以及公主們身穿的服飾，來了解世界歷史演變，也對那些公主的國家感到好奇，進而拓展知識與思維），但是在孩子面臨選擇未來出路或設定職業夢想的關鍵時刻，我依然沒有把握，每次都會心想，「她真的可以嗎？多少孩子的進度都已經超前了，我們家孩子真的能從激烈的競爭中存活下來嗎？」

但我看著埋首在鋼琴世界裡的二女兒才領悟到，原來一開始被我認為沒什麼的那份能量、懇切和熱情，最終會成為即使是實力堅強的孩子也追趕不上的莫大力量。自此之後，我的教養方式便傾向於只要是能力所及的範圍，就會盡可能幫孩子投入自己喜歡的領域，但也會拿捏得宜，不會過度替她們設想或操心。

如果用父母的標準去衡量孩子喜歡的事物，只會與孩子劍拔弩張，也難以在孩子體會自身極限並折返的過程中有所領悟。這段旅程絕對不是在浪費時間，而是在拓展孩子的親身經驗——父母一旦開始評斷孩子的夢想，就等於放棄讓孩子在享受喜歡事物的過程中，培養自身魅力與武器的機會。

當孩子想放棄時該選擇放棄嗎？

關於二女兒的鋼琴事件，還有一點值得去思考。從她開始學鋼琴，到她親口說出自己想成為鋼琴家以前，她都不是很喜歡彈鋼琴，說得更精準一點，應該是她很討厭鋼琴。

起初雖然是她主動想學鋼琴，後來卻變得不喜歡去上課，會裝病，也很常翹課，可以明顯感受到她只是背著書包去才藝班報到而已，並不是真的喜歡上課。每當要繳才藝班費用時，我都會苦惱：「既然她這麼不喜歡，是不是乾脆別再幫她報名了？」

「是啊，既然她不喜歡，強迫她也不是辦法！」

「就算不喜歡，也應該要養成持之以恆的習慣才對啊！」

「又不是我強迫她學的，就算中途出現倦怠期，也應該要自行克服吧？」

「反正又沒有打算把她栽培成鋼琴家，還是乾脆勸她盡早放棄？」

「可是至少學會一種樂器，有音樂的薰陶，人生會不會更美好呢？」

諸如此類的矛盾想法老是盤踞腦海，使我煩惱不已。

最終，我決定讓她學到即使停止練琴，也不至於將所學忘得一乾二淨的程度，所以告訴她至少要學完《徹爾尼四十首練習曲》，主要原因之一是為了培養二女兒的自信心，因為在各方面表現都不如姊姊和妹妹，我希望她至少能在某方面有個強項，讓她能自豪地說：「我彈鋼琴很厲害！」

所以每當孩子表現出不喜歡練琴，我都會答應她，至少學校放假期間會讓她暫停練琴，假如真的熬不到放假，那我也會儘量同理她的痛苦，允許她在每週五天的鋼琴課當中，放自己一天假。除此之外，我也和鋼琴老師討論過，拜託老師縮短二女兒在鋼琴才藝班的時間，以及減少她的作業量。透過這樣的經驗，我明白到就算孩子不喜歡做某件事，只要給予持續性的微量刺激，遇到困難時帶著他們做各種嘗試，想盡辦法突破，同樣會對孩子有幫助。當然，這些嘗試不能太過分，例如：「妳一定要照我的話去做！」這樣是不行的。

給予孩子刺激時，也要拿捏得宜，不能過多也不宜過少，收放自如是育兒的關鍵，為此，平日要多多觀察孩子，清楚知道孩子喜歡什麼、不喜歡什麼，而且親子關係也一定要緊密良好才行，這樣孩子才會願意聽取父母的建議。

我認為一定要讓孩子知道經驗的重要性，假如沒有租借動畫片的契機，那麼二女兒也不會對鋼琴懷抱夢想、充滿熱情且有所成長。我們不需要每次都追求特殊經驗，只要在我們能力所及的範圍內讓孩子累積多樣化的經驗，孩子就會在過程中發芽茁壯，開出美麗花朵。

難以完成的夢想

大女兒就讀國小六年級時，她的志願是上特目高，所以從小六寒假開始，便正式投入英文學習，後來覺得讓她有就讀英才教育院的經驗也不錯，所以順利通過入院考試之後，大女兒從國一開始，加入了人文英才教育院。她平時喜歡寫作、樂於表達，閱讀的書籍也傾向文科，我理所當然地以為，這孩子將來一定是往外語高中或國際高中發展。

但在國一那年寒假，大女兒突然對我說：「媽，假如我高中選擇讀文科，那我這輩子應該就再也不會與理科有關係了，所以我想要試著挑戰看看科學領域，就當是最後一次機會，我想把科學英才高中設成我的志願。」

自從大女兒升上國中以後，就開始一連串各式各樣的挑戰，每次面對挑戰時，都有著諸多煩惱、諮詢需求，而我看著她的努力，同樣也有許多心得感受，所以我一直都很想要支持她。只要下定決心，就不能毫無準備，於是我對她說：「這真是個好主意，來挑戰看看好了！我完全同意，妳認為科學應該要能提供實質性的幫助，有助於人類發展，但是就如同當初的外交官夢想，這份職業同樣也有可能試過後才發現不太合適，所以不妨利用國二的時間，來好好觀察自己究竟適不適合科學領域，妳還可以將這段期間累積的經驗寫在學生綜合紀錄簿裡，豈不是一舉兩得？」

自此之後，大女兒就正式開始鑽研數學，並嘗試各式各樣的挑戰。首先，她選擇參加學校的科學大會比賽，並挑戰獨自解習題、提早預習數學進度，與此同時，她覺得自己還需要深化學習，所以開始上KAIST[9]英才教育研究所的網路課程，授課方式是以繳交自行研究的作業為主，所以課程架構或學習程度都比較高、比較扎實，是大女兒非常喜歡的課程。

除此之外，為了讓她能有更廣泛的科學經驗，我幫她報名了KAIST工學院課程，課程學費雖然昂貴，卻是專門為學生探索理工界未來出路而開設的課程，所以會以機械、電腦、電力等課堂理論做為基礎，讓學生們可以體驗各種活動。我很喜歡這個課程不僅強調理論，還讓孩子有機會用深入、仔細、多角度的方式接近科學，這點深得我心。

在大女兒上完一學期的課程以後，我與指導她的 KAIST 工學院老師以及 KAIST 英才教育研究所負責人分別做了一次電話諮詢。

「我原以為按照女兒的性格，她會選擇走文科，但是有一天她突然告訴我想要嘗試轉換跑道，所以幫她報名了這個課程，好讓她親自體驗看看自己到底適不適合走這條路。想請問這一個學期下來，老師您看我女兒學習得如何呢？」

「妍秀是一名很想要自行了解更多、體驗更多、對學習抱有高度熱忱的學生，站在指導者的立場，能遇到這種學生是一件很幸運的事情。每當我丟出一個議題請她回去思考，她都會經過一番深思熟慮，再將自己的想法整理好回覆給我，真的是會讓人想要多指導的學生。今天在最後一堂課上，我們針對每個人感興趣的領域進行自由發表，每位同學需要將自身想

⑨ 韓國科學技術院（Korea Advanced Institute of Science and Technology，簡稱 KAIST），為南韓頂尖理工大學之一。

法透過具有說服力的方式傳達給聽眾，妍秀準備的題目是『能夠取代塑膠的物質』，坦白說，她的發表讓我相當驚豔，她有著很傑出的表達能力，可以把自己的想法井然有序地講述出來，也會舉出資料去佐證她的想法，假如她的英文程度夠好，我甚至會想建議她現在就直接出國留學。麻煩您幫助她持續維持那份喜歡探索、充滿好奇的求知熱情，不要仰賴補習班指導的內容，她如果想要了解更多，可以考慮讓她閱讀大學教材。」

其實這一個學期以來，大女兒只要上完課回到家，就會用聊天軟體與老師進行聯繫，把課堂上因時間有限而未完成的對話談完，老師會根據女兒提出的問題推薦相關書籍或文章，聽聞如此用心指導女兒的老師給予我的真誠建議，一方面是對孩子表現優異感到欣慰，另一方面卻也有些難過。

當初之所以會幫女兒報名 KAIST 工學院課程，其中一個原因是這個課程只有短短一學期，所以才想讓女兒去嘗試體驗看看。其實當時家裡的經濟條件，並不允許我持續栽培孩子，我認為是因為高昂的學費，才有機會遇見如此優秀的老師，讓孩子可以增廣見聞。但現實情況無法支撐孩子理想這點，讓我對她倍感抱歉。我總覺得自己雖然有將孩子的底子打好，可是不確定是否有這個能耐可以幫助她持續保持對學習的熱忱，我對此十分憂心，每次只要一想到這點，就會使我倍感難過。

後來，我將連日來的擔憂拋諸腦後，重新整理好心情，下定決心走一步算一步，能讓孩子挑戰到什麼程度就全力支持，所以我開始上網搜尋如何準備報考英才高中的資料，但是隨著找到的資料愈多，反而愈讓我意志消沉。因為我收集到的訊息都顯示，假如目標是科學英才高中，孩子從很小就要開始補習，接受先行教育才有機會考得上，雖然老師在說明會現場，並沒有強調補習的重要性，但是實際打聽一輪那些進入科學英才高中的孩子，他們的故事絕對讓人瞠目結舌。那些孩子大部分都是從很小就開始補習，父母每月至少在補習費上投入大量費用，而且每年學校偏好招收的學生也都不盡相同，所以很難拿捏準備方向，如果想要得到相關資訊，非得送去補習班不可。

結論還是補習？

我看過一則新聞指出，韓國的小學生有百分之八十都在補習。然而，真的需要補習嗎？

在我看來，每個孩子是否需要補習、需要補哪些科目、開始補習的時間點等都截然不同，尤其孩子在尋找自我夢想與未來出路的過程中，假如無法從父母與周遭環境得到幫助，那麼就需要尋求專家的協助。韓國知名升學教育專家趙鎮杓也說過，「對於喜歡的領域絕對需要專業的教育。」

為了實現夢想必經的道路上，一定會遇見競爭這個關卡，假如要在競爭中證明自己的能力，就必須具有至少符合考試資格的條件才行，要是連條件都不符合，就沒有機會展現孩子的獨創性與資質潛力，這便是現實——不論合不合理都是現實，我們也必須活在這樣的現實裡。理想可以訂得崇高，但也不能忽視現正所處的現實。

然而，我反對父母純粹只是因為自己的焦慮不安，完全不考慮孩子自身意願、設定的夢想以及未來出路，一味地把孩子送去補習，這麼做不只會傷害親子關係，孩子對學習的看法也很容易變得負面。

育兒是「種瓜得瓜，種豆得豆」的事情，努力播種就一定會有所收穫，但前提是身為父母的我們，一定要清楚知道自己現在是在播什麼種子，而那些種子遇見孩子這片沃土後會種出什麼果實，也要依稀能夠預想才行。送去補習班的話可以提升成績，換言之，補習班這顆種子可以結出成績進步的果實，但同樣的，也要有心理準備會得到孩子對學習反感、厭煩、無趣、無力等結果。因此在尋找補習班時，最好先想好補習究竟對孩子有無幫助、何時送去以及該補多久等問題。

若要預測這些問題的答案，就必須先對自己的孩子有足夠的理解才行，而且不僅如此，就如同種下種子以後，還要依照天氣適度澆水、拔除雜草、施肥一樣，我們也要持續觀察、照顧孩子才行，包括孩子為什麼不想去補習班、為什麼本來願意寫的作業卻突然變得不喜歡、要如何解決這些問題等，都需要保持關心。這樣的關心不是基於父母的貪心或不安，而是用一顆充滿關愛的真心，去關注孩子。

只為了上榜而活的孩子

我認識一名男孩，他從小聰穎過人，每每與他談話，都會被那雙充滿好奇心的閃亮大眼吸引，可愛至極。從稚嫩的唇齒間說出的科學知識，更是讓人為之驚豔，理所當然地，這名男孩的求學過程中，一直都接受著英才教育院的栽培，也經常征戰各大科學比賽。

在他國三那年，我正好到他們家拜訪，當時正逢學校期中考週，原本感情融洽的母子倆，讓我親眼目睹了難以想像的畫面。

「兒子，這次考試真的很重要喔！一分都不能被扣，你應該也知道，比起校外獲獎成績，最近更重視校內審查成績吧？所以千萬不能有任何失誤喔！在自修室要專心複習功課，不可以分心，知道嗎？」

眼前這位母親，儼然已經不是當初那位處處替孩子著想的母親了。她就和其他媽媽一樣，對孩子的考試成績相當敏感，說出口的每一句話也都是在鞭策孩子。聽說這名男孩後來沒有考上英才高中，甚至用充滿怒氣與怨恨的口吻對他的母親說：「小時候我真的非常喜歡數學和科學，但是從某一刻起，數學和科學澈底從我的生命中消失了。為了升學，我強迫自己去溫習一大堆討厭的科目，只因為妳說我必須這麼做！」放學回家也像是要故意做給母親看似的，將音量開很大的打電動，或者看網路漫畫，用這種方式做無聲的抗議。

在國小到國中的九年之間，完成龐大學習量的孩子當中，許多人一接到英才高中落榜消息以後，就開始深陷徬徨的狀態，我認識的家長當中甚至還有人表示：「落榜也無所謂，就算孩子反抗、徬徨也沒有關係，只要小時候預先打好基礎，就算沒有順利考進英才高中或科學高中，孩子也已經擁有超前實力，所以可以輕鬆地拿到前面的校排名。孩子現在可能會討厭我，但是我相信以後他一定會感謝我。」

雖說育兒沒有正確解答，只有端看父母如何選擇，但是我總覺得不應該是如此，也不禁好奇這位家長究竟內心有著什麼樣的傷痕，需要把孩子逼到這種程度。

就算徬徨，也不是浪費時間

大女兒在青春期時，她重新認真思考過自己的將來出路。當時她經常閱讀心理類書籍，認真出席各種講座活動，一反常態沒有埋首在課業中，甚至已經是放棄學業的狀態。大約在高二開學前的春假，她告訴我將來想成為精神科醫師。

若想成為精神科醫師，就必須選填醫科做為志願，但是文科生能否報名理科系所、校內審查成績與正式聯考成績比重是多少、以現在的成績需要再補強哪些部分才有機會入學等，相關資訊大女兒都做了功課。有人建議她，不如趁此機會親自和現任精神科醫師談談，聽聽專業醫師的建議。

經過多方打聽之後，她約了一間私人醫院的精神科醫師進行拜訪，她事先準備好想問的問題，包括當初為什麼想成為精神科醫師，從實習醫師、住院醫師到專科醫師的一連串過程，以及真正成為精神科醫師之後的人生與工作壓力等，她聽完醫師的詳細回應，才有辦法在腦海中明確勾勒出在韓國當精神科醫師的生活。果然聽完後，她發現和自己原本想像中的樣子相差甚遠。

比方說，精神科醫師是治療患者的心理和精神，相較於其他醫學領域，治療結果比較不顯著，治療期也較長，所以也不容易立即獲得工作上的成就感。假如難以忍受這樣的工作性質，醫師自己本身也會感到倦怠無力。除此之外，一般醫生通常都是患者主動找上門，主動尋求醫生的治療，所以會比較尊重醫生的專業，但是當精神科醫生告訴患者需要持續接受治療時，大部分人的反應是：「我沒什麼問題啊！到現在一直都活得好好的，不是嗎？接下來也不會有任何問題吧。是醫生想斂財所以才這麼說的吧！」

此外，有些患者會對醫生抱有幻想，正因為這是一份需要敞開心房接近彼此的職業，所以很容易不小心讓患者懷抱妄想，身為精神科醫生要特別注意這一點。有時候也會出現患者毆打、刺傷醫生等情形（雖然外科醫生要是手術不成功，患者或家屬也可能會做出激烈舉動），應該說只要身為醫師，都需要承擔這樣的風險。

孩子思考了許久，她不停問自己，究竟是否真想要成為精神科醫生。最後她得出了自己不太適合的結論，因為自己的性格偏好快速看見成果，要走精神科的話，要先讀六年書，再當實習醫師一年、住院醫師四年，治療過程也需要較長時間。因此，孩子又再度陷入尋找未來出路的苦惱當中。

由於大女兒屬於擅長的東西很多、想做的事情也很多的孩子，所以在思考自己的未來出路時，耗費了滿多時間。我有時不免也會用負面的眼光去看待孩子，心想著：「不是也可以先讀好書，等之後再來選擇要走哪條路嗎？」、「為什麼孩子只要沒設定目標，就會連現在該做的事情都無法好好進行？」、「快急死我了，再這樣下去只是虛度光陰！」

如今回首當時，反倒覺得那段時期的大女兒真美。正因為我心知肚明，人生根本就沒有所謂的失敗，過去走的每一條路都有意義，而且那些過去會成就今日的自己，使自己更為堅強，所以回首孩子的煩惱與嘗試時，都會覺得分外美麗。當然，我也是花了很長一段時間，才能用這樣的角度去欣賞孩子。

我曾經用自己有限的框架去限制大女兒，多次提醒她的行為錯誤，質問她到底要思考煩惱到什麼時候，訓斥她世界上沒有人是從事完全符合自己喜好的工作，與其想破頭地煩惱，不如先選一件事情去嘗試，到時候再來判斷也不遲。

我看著只要沒想清楚就無法有所行動的大女兒，簡直心急如焚，總覺得她是在浪費時間，看得我暗自發愁。每當她舉棋不定時，我同樣也猶豫不決；每當她沒站穩時，我更是步履蹣跚、大幅搖擺。但是如今，我懂得去看已經不同於以往的自己，因為隨著愈深入觀察自己的內心世界，愈讓我相信一路走來犯過的錯、耗費掉的時間，都是別具意義的。

我會永遠支持我的孩子，就算孩子選擇要繞道而行、會浪費一些時間，一切的經歷都只是過程。正因為我知道孩子要透過親身犯錯才會記憶深刻，所以我會用隨時準備好的胸懷與雙眼，默默觀看孩子走自己選擇的人生道路。我時刻提醒自己，儘管在這段過程中偶爾會使我感到心痛、激動情緒湧上心頭，那也是屬於我自己的課題，不屬於孩子。我希望自己能成為讓孩子隨時都可以放心回來休息充電的那種母親。

配合孩子的步伐前進

小女兒自幼就對許多事情很感興趣，什麼都想做，也什麼都想學。學了鋼琴就說她想成為一名鋼琴家；學了芭蕾就說想成為芭蕾舞者；她很喜歡畫畫，每天都會畫好幾張圖，逢人就說將來想成為畫家；之後開始寫小說，告訴我以後要當一名作家；上了國小，又改口說想成為科學家，所以申請了科學英才教育院，還報名田徑隊、參加英文歌唱比賽等。這孩子總是興致勃勃，精力旺盛到甚至讓人覺得有點過度，因為她不是逐一挑戰這些項目，而是一口氣同時進行，所以忙得不可開交。

我看著這樣的她，暗自下定決心，只要經濟條件許可，一定會努力支持她追夢。但三名女兒當中，走最多冤枉路的孩子正是小女兒，因為過去的歲月裡，我們家的條件沒有好到能夠滿足她們提出的所有需求，也難以實踐我心目中理想的育兒方式。

在先生經商失敗而負債累累、我罹患急性腰椎間盤突出的情況下，我常常無意間疏忽了對孩子的教養，我私心希望孩子們可以多閱讀家裡的書籍、在社區附近玩耍，或者去後山、公園等地方跑跳，在日常生活中自由深入地培養自身潛力，而不是砸大錢送她們去補習。但是小女兒是不斷想嘗試學習各種新事物的孩子，看見同學們在學鋼琴，她就會想跟著學；聽聞同學們在學芭蕾舞，她也會央求我幫她報名。

要是家裡的經濟狀況能滿足她這樣愛好嘗試、學習的性格該有多好，可惜我們家當時並不允許，我必須經常和小女兒協商，說著我吃的米比她多、比誰都還要清楚知道如何養育小孩，再加上還要考量到家境問題，拜託她聽從我的安排。在多次的不允許到承認小女兒的與眾不同為止，的確花了很長一段時間，在那段歲月裡，「現實條件的不足」與「努力想提供孩子良好環境」的兩個自我不斷拉扯。值得慶幸的是，小女兒最終還是染上了屬於她自己的顏色。

有次，小女兒在英才教育院進行了「昆蟲標本製作」課程，要將壓扁的甲蟲放進滾水裡泡軟做成標本，過程中會出現難聞的氣味，光想像就很噁心，似乎有許多學生都沒辦法積極參與課程，但小女兒反而認為，既然遲早都要做，還不如趕快做完，所以認真投入製作，結果她是全班第一個完成標本的人，就連老師也表示，這是他第一次看見如此快速做完又做得很好的學生，對小女兒讚譽有加。當小女兒向我轉述時，一臉沾沾自喜、滿臉自豪。

我看著這樣的她，不停思考該如何幫她拓展這樣的經驗，我問她要不要利用假期嘗試參與解剖課程，她興奮地點頭答應了。於是我帶她前往位於木洞的韓國生命科學研究所（HLSI），參加解剖和手術課程，她非常喜歡這段經驗，至今都還會提起。

她對於可以像美劇《實習醫生》（*Grey's Anatomy*）裡的外科醫師，戴上手術手套進行解剖十分感興趣。得知要解剖老鼠時，她雖然有些緊張，但又很迫不及待地想執行。她還與我分享，在幫老鼠進行閹割手術時，原本麻醉的老鼠竟然在開膛剖肚的情況下醒來，讓她有些驚慌失措。但這次經驗也讓她體認到生命的珍貴。每次只要解剖完豬的胃和腎臟、膀胱等，藥品殘留的氣味、解剖時的殘影往往揮之不去，原以為她會受這些後遺症影響，結果竟然完全沒有，飯也一如既往吃得很多。

我覺得她很適合當個外科醫生，但是她不斷向我強調，千萬不要說出她適合哪種職業，斷然拒絕了母親的心願。不過這也讓我深刻反省，不應該自顧自想得太超前，頂多只能比孩子預先多想一步，於是就這樣默默配合孩子的步伐，一步一步向前走。

國小五年級時，小女兒代表學校參加「學生成長故事作品大會」，大會要求參賽者將接下來一學期的夢想與志願畫成目標藍圖，等一段時間之後，評審再依照每位參賽者所畫的藍圖進行比對，審查參賽者為自身夢想實踐、體驗了哪些內容。當時小女兒想成為一名能夠為自己的著作繪製插畫的插畫家，所以直到國小畢業為止，她每週上兩次美術才藝班，累積了許多美好回憶。

小女兒夏允國小五年級時的畫作。

沒有夢想的孩子

小女兒從小就喜歡香味，會蒐集各種花朵、用各種方法嘗試在家裡製作香水。後來升上國中以後，她又再度沉迷於香水。為了找尋世上最好聞的香味、自己最喜歡的香味，尋遍各大藥妝店、彩妝店、百貨公司、免稅店等，只要是她能去的地方，就會使出一切方法去尋找香味。當她發現喜歡的味道，就會用自己的零用錢買回來，或者拜託我買給她，於是她就這樣到處探尋著心目中理想的香味。

雖然已經聞過絕大部分的香水，但她仍然找不到自己真正想要的味道，所以後來她連洗髮精、肥皂、沐浴乳，甚至是衣服柔軟精都聞遍一輪，然而她的執著反而觸動了我內心的不安，「要是再繼續這樣下去，連強力膠都聞的話怎麼辦？」心中頓時湧現恐懼，不禁讓我產生是不是應該勸阻她的念頭。

經過考量，我想要聽聽大女兒的意見，所以不經意提到最近夏允好像很喜歡聞香味的事，結果沒想到大女兒立刻說：「哇！那夏允很適合當調香師耶！夏允，假如妳一直找不到自己喜歡的香味，要不要乾脆當調香師自己調配呢？」

那瞬間我才明白，原來那份恐懼完全是屬於我自己的，值得慶幸的是，我又領悟了另一項事實，雖然我的內心總是充滿害怕與焦慮，但是這三個孩子終究不是我，也不像我膽小多慮。我同意有「代際創傷」（意指上一代的創傷會被傳遞到他們的後代身上）的說法，但是孩子們也不盡然會完全承襲父母的缺點，儘管我把傷害傳給了她們，卻也給了她們許許多多的愛。

電影《愛在黎明破曉時》（*Before Sunrise*）裡面有這麼一段臺詞。

> 我的父母從來沒有談到我戀愛、結婚、生子的可能性，甚至在我還很小的時候，他們就讓我考慮未來職業，像室內設計師、律師之類的。我對爸爸說「想當作家」，他說「那可以當新聞記者」；我說「想開一間流浪貓收容所」，他說「那就當獸醫師」；我說「想當表演者」，他說「那就當一名電視主播吧」，不斷將我可愛的願望變成實際能賺錢的職業。

這部電影讓我印象深刻，尤其是傑西和席琳在列車上從相遇到曖昧的美麗動人故事，但我也對這段臺詞格外有感，我一直默默告訴自己：「絕對不能成為那種父母。」但是輪到我自己生育小孩後才發現，竟然在不知不覺間也和席琳父親一樣，貪圖子女從事一些看起來較為光鮮亮麗、薪水優渥的職業。

喜歡的事物有著超乎想像的龐大力量，只要不用自己的標準或框架去對孩子喜歡的事物妄下評論，「你做這個能養活自己嗎？」、「所以我這麼辛苦養你這麼大，只是為了讓你去做這個啊？」小孩就能認真雀躍地去追求自己設定的夢想。注視著孩子的背影，在心中湧現的所有不安與擔憂，其實都是父母自己該承擔的情緒，不該讓孩子承擔。沒有夢想的孩子，說不定是在父母的強勢作風下，放棄做夢的也不一定。

邁克．麥克馬納斯（Mike McManus）在其著作《擁有怦然心動的人生》（*Source*）一書中，提到有一次，他將一群缺課多、成績不佳、品行不佳的幾名國三學生聚集起來，跳脫傳統形式的課程，純粹依照孩子們的興趣與關心話題來進行授課。這群學生大部分都是因落榜或出席率不高而導致留級，平時也不聽老師規勸，在學校裡惹事生非、霸凌同學，結果因為上了這堂課，他們的行為開始產生了改變。

史蒂夫是號稱學校史上最暴力的孩子，大家愈責罵他，他威脅、毆打同學的行徑就愈嚴重。在進行課程的期間，史蒂夫長期心門深鎖，對自己有興趣的話題也不發一語。

某天，他終於開口說出了自己的夢想，他想成為一名專業拳擊手，但是他害怕家人和朋友嘲笑他的夢想，說他是笨蛋，所以才會一直隱藏在內心深處，因為他深信家人一定會說：「拳擊手？那你將來是要靠什麼養活自己？你以為我是為了讓你當拳擊手而把你送去上學的啊？」

但是史蒂夫一心只想成為拳擊手，對其他事物都不感興趣，所以我用《拳擊月刊》取代教科書，做為禮物送給了史蒂夫。史蒂夫透過美國拳擊史學了歷史，還透過計算擂臺面積、利用擂臺模型學習數學、透過熟記雜誌上的單字練習撰寫拳擊文章、進行簡報。最終他順利修完了所有必修科目，更令人驚訝的是，史蒂夫也變得與學生師長們相處融洽。

另一名學生茱莉則是對異性非常感興趣，我請她不妨以異性關係為主題做研究，並以《青少年雜誌》做為她的教材。原本她很喜歡在走廊上對男同學拋媚眼、與朋友議論異性，過不久後，就變得可以在眾人面前充滿自信地發表有關戀愛與結婚的演說。

還有一名學生傑德，他的夢想是成為一名船長，所以我選擇《船員用手冊》當做教材，他為了早日實現夢想，開始認真讀書，並以此為契機，對貿易也產生了興趣。

我有名朋友，經常帶著喜愛棒球的兒子去體驗各種棒球相關的活動，他們一起收看棒球比賽、計算打擊率和防禦率、閱讀各球團選手的紀錄、棒球史等相關書籍，然後展開討論。他們會看現場比賽，也會收看棒球電影等，打造棒球相關的環境，讓兒子可以更深愛棒球。這樣的結果是孩子變得比從前更喜歡數學、閱讀，各方面都有顯著成長。所以只要跟隨孩子的腳步即可，面對他們設定的志願也是同樣的道理，答案其實都在孩子身上。

關於夢想與方向的建議

有些媽媽會沮喪地表示自己家的孩子都沒有夢想，滿臉愁容地說著：「要是孩子有夢想的話，不論那是什麼，我都會支持、鼓勵他去追夢！」坦白講，我自己也是在孩子們還小的時候，比較能輕鬆看待他們的夢想和未來出路問題，但是孩子們升上國中以後，卻令我操心不已。自從孩子們說要去特目高以後，我親自去聽招生說明會、參加撰寫自我介紹書祕訣的講座等，參加過多場以後，才發現原來一切的基礎是：要先設定好孩子的夢想、未來出路、升學方向等。

我們家三個女兒同樣也是在自行決定了夢想，親自體驗相關事物後，卻在評估的過程中，經常提及不曉得自己真正喜歡什麼、該做什麼，每次遇到這種情形，我都會煩惱到底該如何引導孩子，因而向周遭友人尋求建議或者翻閱育兒書找答案。所以接下來，我要介紹幾種親身經歷，供各位家長參考。

1. 只要有一點興趣，就嘗試探索吧！

專門提供韓國考試相關實際資訊與建議的網路平臺「Study Holic」代表姜明奎表示，關於未來出路，就算是條不會走一輩子的道路，也要至少先選定一條來走才行。接下來就可以開始嘗試去認識、探索這份工作，體驗看看才知道適不適合自己。儘管最終沒有選擇走這條路，過程中的體驗也依然是收穫；不僅認識了這份工作，也對自己有更深的了解，所以還是別具意義。他建議學生最好投資三個月的時間，來研究某條未來出路或某個領域。

正因為有了這項建議，所以大女兒才會在一切都還來得及的時候，決定親自探索科學領域，評估自己適不適合這條路，並參加國際科學奧林匹亞大會，體驗 KAIST 英才教育研究所課程、KAIST 工學院課程等，度過了一段意義非凡的時光。當時孩子的心得是比起工學院，自己似乎更適合基礎科學，沉浸在學習的樂趣裡，不過最終還是選擇了屬於文科的國際高中。在我看來，那些嘗試體驗的時光，對於孩子來說也是很寶貴的資產——人會依照經驗多寡來決定成長的幅度，更何況人的本身就是經驗的集合體。

2. 閱讀職業類相關書籍

隨著社會愈漸關注將來發展與適性以後，年齡層較低的孩子也能輕鬆閱讀的各種與志願、夢想、職業相關書籍，如雨後春筍般冒出，有些還會用漫畫的形式包裝，讓孩子可以輕鬆有趣地閱讀，建議可以讓孩子多看這類書做參考。

過去小女兒說想要成為作家時，我推薦她閱讀《用一本圖文書來看各行各業》，她透過這本書閱讀到身為作家的辛苦之處，這樣的內容對於小女兒來說似乎十分新鮮，原來作家並不只是整天坐在書桌前寫作，也要到處探訪遺址、圖書館、表演中心、工廠等進行資料蒐集，經常需要觀察、調查，必要時還可能需要接受訪問等，所以也有活潑外向的一面。

當孩子在刻劃未來藍圖、做具體規劃準備時，職業類的書籍能夠提供莫大的幫助。當你花三個月去探索研究某個領域以後，你會對自己有更深一層的了解，諸如「原來我也有這一面」、「原來我喜歡與人相處」、「原來我有自行研究並向他人解說的天分」等。

3. 集中收集關注的事物

將孩子關注的對象或主題等，統統聚集在一個盒子裡，或者剪貼收藏在檔案夾、筆記本裡。喜歡的書、有趣的電影或電視節目、印象深刻的場所或遊戲、有趣的經驗、感興趣的職業或玩具等……只要是孩子感興趣的事物，就統統蒐集起來。像這樣蒐集幾個月之後，打開盒子就能更具體知道孩子感興趣的領域為何。

這個方法不只是對孩子，對已經是大人的我也很受用。像我個人是透過剪貼簿的方式把喜歡的電視節目整理出來，當我看著剪貼簿裡羅列著《強心臟》、《膝蓋道士》、《黃金漁場 Radio Star》等一連串綜藝節目清單時，才發現原來我很喜歡聽別人述說自己的故事，這也讓我對自己愛看電視這點，產生較為正面的想法。不是整天遊手好閒只知道躺在沙發上看電視，而是對不同的百百種生活感興趣，藉此機會也變得更了解自己。假如孩子已經長大，想要準備迎接第二人生，但是又不清楚自己究竟喜歡什麼、擅長什麼的你，不妨和我一樣，準備屬於自己的「收集箱」或「剪貼簿」吧！

4. 搜尋相關領域的產業或公司

以分析學生未來出路的適性測驗聞名的「Wise Mentor」公司理事秋賢振曾表示，只要把孩子喜歡的事物加上「產業」兩個字，就能夠連結到職業；比方說，假如孩子喜歡把指甲修剪整齊、裝飾指甲，加上產業兩個字就變成了「指甲產業」，而仔細去探究「指甲產業」會發現，不只有開設美甲店幫客人修整、彩繪指甲，還有各種型態的工作機會，從美甲原料、耗材、裝飾，到美甲貼片、人造指甲、美甲工具、指彩列印、指彩印表機、卸甲液等，都屬於美甲產業，所以只要在這之中尋找孩子更感興趣的領域即可。

他呼籲學生，先從有興趣的事物延伸到相關產業，再從該產業中尋找正在成長的公司。當你在搜尋公司相關新聞時，最常出現在媒體報導裡的人物就可以設定成你的目標，或者也可以按照這個人物學習的領域去設定自己的未來出路、升學方向。

像二女兒小時候常說她想要成為數學家，在某次因緣際會下，我帶著她一路南下到大田，只為了特地去聽一場數學講座；大女兒同樣也是在思考自己適不適合成為教授時，我帶她去聽哈佛法學院史上第一位韓籍教授石枝英的演講。雖然不是抱著「我一定要選擇這份職業」的堅定意志去聽演講，但是透過這段期間對理想職業的了解與認識、來回討論，以及在講座上聽到的故事等經驗，我相信或多或少一定都對孩子的想法與日常產生影響。而且這樣的經驗也能讓孩子感受到，父母其實很關心她的夢想，會盡全力支持她，對親子關係來說也會產生正面效應。

5. 上網查詢各大學的科系

除非是為了實現夢想和未來出路，而選擇就讀特性化高中（技職體系學校），否則一般來說，學生們第一個面臨的關卡應該都是大學聯考。因此，全國各地有哪幾所大學、該選填哪個科系，都需要事先做好研究才行，或者倒過來看，先全面性地了解有哪些科系再決定個人志願，也是另一種方法。

大女兒在探索科學類出路時，並不是一味地想成為科學家，而是親自上去各大學的官方網站，找尋科學相關領域。當時她仔細查看每間學校有多少科系、各個科系四年間會學習哪些課程等，並對此感到驚訝新奇。

比方說，心理學通常是屬於文科，但是透過課程介紹就會發現其實也會需要上統計學和神經科學課程，所以女兒自己心裡會有個底，知道要對數學、科學多少有些興趣會比較好；另外，像是食品營養學系，原以為只會學習食品與營養相關知識，但是透過查找的過程中才發現，竟然還會上有機科學、生物化學、人體生理學等課程，她才明白為什麼食品營養學系是屬於理科。除此之外，國文學系很容易被認為是關於語言的專門學系，但其實去看課程內容就會發現，不同於現今使用的語言，主要是上一些古典文學課程，還有分析詩篇、經典、小說、文法等課程，假如沒有事先做好充分了解就選填了科系，等實際就讀時，很可能會感到適應不良。

雖然每間大學的科系名稱都略有不同，但是只要多看幾所大學的官方網站，就會發現基本教育課程都大同小異，所以這段過程並沒有花費女兒太多時間。隨著孩子的成長，建議還是先看看孩子感興趣的學科課程，再決定將來出路，相對來說會比較有保障。

6. 讓孩子看見學校以外的世界

「我想要成為教授、建築師、遊戲開發人員……」孩子之所以能夠設定這些夢想，都是因為在設定夢想前，早已在某處接觸過或者親眼目睹過。我們其實是依照自己的所見所聞去做夢，所以讓孩子增廣見聞非常重要。但是觀察近年來的孩子會發現，大部分都是放學後為了再多學一樣才藝、多精進一點技能、為了讓孩子不落人後、為了跟上大家的進度，而接受各式補習課程。

像這樣每天往返學校與補習班的結果，反而失去了探索自我及夢想的機會——這才是真正重要、比先行學習更需要提前進行的學習。孩子也會因此有很高的機率憑「我很會讀書」、「我不會讀書」或「我讀書讀得很普通」來認識自己，著實令人心痛。**父母的「容器」大小，會決定孩子的成長多寡**，假如父母先跳脫學習成果至上主義，努力讓孩子接觸豐富多元體驗，那麼孩子同樣也會長成可以盛裝無限可能的「容器」。儘管身處在「成績至上」的現實裡，我仍認為至少在國小時期就該累積豐富經驗才是。如果想要朝這樣的方向邁進，父母就應該讓孩子知道，「我們是站在你這邊的，永遠都會支持你，所以儘管放心去挑戰吧。任何事情都無所謂，就算挑戰失敗也沒關係。」不讓孩子對自己想要嘗試或挑戰的事物倍感壓力，讓孩子充分理解父母的心意才行。

這其實沒有想像中容易，所以等孩子邁入青春期後，父母一定要隨著觀察孩子的次數來回頭檢視自己，查看自己為什麼會反對孩子的想法？為什麼會看著孩子的背影嘆氣？並從自己而非孩子身上找出原因所在。

母親的功課⑥

平凡日常也可以變得不凡

今天，夫妻倆不妨嘗試扮演王子與公主，儘管不是擁有遼闊腹地的城主，在這美麗的王國裡，依然是擁有絕對權力者，所以王子與公主的心願都將被實現。

上午可以先由丈夫扮演王子，下午再由妻子扮演公主，彼此可以向對方提出任何要求，並盡可能幫對方實現願望。假如有人表示想要在家看電視休息，對方就必須面帶笑容地答應對方；有人表示想要開車兜風，對方就要無條件同意（嚴禁嘮叨），盡全力實現對方的心願。

像這樣度過一整天以後，彼此一定會想要繼續扮演王子與公主，那麼就再找一天來享受當王子與公主的樂趣，一天由丈夫扮演王子，一天由妻子扮演公主，平凡日常也可以根據用什麼方式度過而變得不凡，體會生活充分的樂趣與幸福。

第七章

培養解決問題能力的六個關鍵字

假如把孩子局限在大人的框架裡，最終就只能長成有限的高度。
就算失敗也無妨，犯錯也無所謂，盡情嘗試吧！

第一個關鍵字：知識

幾年前，以百年歷史自豪的底片相機代表公司伊士曼柯達（Kodak）申請破產，反觀原本是競爭對手的富士軟片（Fujifilm），則是利用既有的科學、光學、材料工學等既有知識，延伸成化妝品、醫藥品、生物科技，使企業得以維持生存。柯達究竟為何會破產呢？

世界正在快速變遷，若要在變化多端的世界裡生存，就需要創意改革。不僅要能看懂世界趨勢，也要提出可以持續刺激消費者欲望的好點子，假如以往的方式已經不管用，就要以新思維為基礎來培養解決問題能力。因此富含創意的人才，其身價也與日俱增。

韓國各大企業也早在二十多年前開始，為了招募極具創意的人才，開始在筆試考卷中安排各種題型。例如以下這題（參考下頁圖），據說能拿下最高分的答案是「betray（背叛）」。這幅畫是在描繪耶穌赴死前，與十二門徒共進的最後一頓晚餐，吃完這頓飯以後，因十二門徒中的猶大背叛耶穌，導致隔天耶穌被釘死在十字架上。換言之，這幅畫的主題其實就是「背叛」，假如你一看見「betray」這個單字時就了然於心，那就表示其實你也具有這幅畫的背景知識。

Q：請寫出與下列作品有關，以英文字母 B 開頭的單字，並解釋說明。

李奧納多．達文西《最後的晚餐》。

創意其實也需要背景知識，以上述問題為例，（1）首先你必須對這件作品有基本認知，至少知道這幅畫是由達文西繪製，畫名為《最後的晚餐》，才能夠去嘗試進行單字聯想。當然，對這幅作品有愈豐富的背景知識自然是愈好，亦即，除了知道繪者與作品名稱外，還知道（2）猶大收了祭司長的賄賂，並用親吻來暗示誰是耶穌，好讓祭司長順利逮捕耶穌，將其釘死在十字架上的聖經故事，這樣才有辦法想出「背叛」這個單字。

所謂創意，並不是將毫不相干的兩種材料胡亂拼湊在一起，而是要具備足夠想出好點子的基本知識才行。富士軟片之所以能用既有的化學、材料工學知識轉戰化妝品、醫藥品，也是因為公司具有足夠的背景知識才得以找出這些領域的共同點。

除此之外，進行上述問題作答者也要有（3）「背叛」的英文是「betray」的知識，才有辦法作答。因此，創意並非從無到有的奇蹟，而是在豐富背景知識上堆疊而出的創造物。透過書籍和學校教育，皆有助於豐富一個人的背景知識。

第二個關鍵字：經驗

不論是企業還是個人，都身處在需要靠創意解決各種問題的年代。然而，我是經由養育三名女兒的過程才有深刻體悟——在解決問題時，豐富經驗的重要性。

猶記大女兒國小時，某天我看她一個人埋頭苦幹，結果竟然是在製作一把樂器，並開心地演奏自編樂曲。當我看見孩子自製的樂器時，著實令我瞠目結舌，我很好奇她究竟是如何將硬硬的發泡膠板折成彎曲的線條，並將其黏貼在樂器的側面。

「妍秀啊，妳怎麼這麼厲害！這個彎彎的形狀是如何做出來的啊？」

於是孩子露出了自豪的表情，得意洋洋地回答：「媽，我一開始也思考了很久，因為發泡膠板沒辦法折彎，一折就斷，但因為我一定要在樂器的側面貼一個彎彎的把手，所以一直在想有沒有其他方法。最後，我想到了一個好主意！以前我不是製作過仿古木妝鏡盒嗎？我當時在又厚又粗的韓紙上畫好幾刀將紙折彎，我就從那段經驗中獲得靈感，在發泡膠板上也用同樣的方式小心翼翼地畫了幾刀，然後再試著折彎，變成樂器的把手，用熱熔膠將其黏妥固定。怎麼樣？是不是很棒？」

我聽完她的回答既開心又欣慰，也深切體會到原來過去的經驗可以培養孩子的問題解決能力，帶領孩子更上一層樓。

二女兒在玩扮家家酒時，親手製作的道具也都是應用這類的經驗——她用刀子將養樂多瓶底切開，並顛倒插在寶特瓶口上。

我問她這是什麼東西，她回答：「媽，我在玩扮家家酒時想要煮飯，想將福祿貝爾教具益智玩具放進寶特瓶裡，但是因為瓶口太小，將玩具一顆一顆放進去也很麻煩，於是我就思考有沒有什麼方法可以輕鬆又快速地完成，結果就想到可以用養樂多瓶口連結寶特瓶口，變成漏斗的概念，然後再一口氣把玩具倒進去，實際做了以後，發現真的可行耶！」

雖然成品不夠精緻，但是從旁觀察，的確是比一顆一顆放入寶特瓶裡更省時省力，我又不禁納悶，我從來都沒有在家中廚房使用過漏斗，她究竟是如何想到這個方法的，於是我好奇地問了她，她回答：「我是想到沙漏，然後就自己試著動手做做看的！」

由此可見，經驗的力量真的不容小覷。孩子們會從過往經驗中找到解決眼前問題的方法。直到那時我才能深刻體會愛因斯坦的那句名言，「經驗是知識的唯一來源。」

第三個關鍵字：想像力

諾貝爾文學獎得主暨世界知名戲劇作家蕭伯納

大女兒妍秀國小那年，用發泡膠板親手打造的樂器。

二女兒賢芝親手打造的道具，她將養樂多瓶當成漏斗，與寶特瓶相連。

（George Bernard Shaw）有句名言：「想像是創造的開始。」我個人也舉雙手贊同這句話。創造力是以想像力為基礎，過去在科幻電影裡看到的火箭發射和與宇宙艦隊、擬人化的保母機器人、機器與人類之間超越語言的溝通方式等，都是透過人類的想像力創造，並結合了現代發展飛快的科技才得以實現。想像力是培養二十一世紀人才最需具備的能力——「創造力」的得力助手。

然而令人惋惜的是，韓國許多家長並不樂見孩子進行想像遊戲，幼時的想像遊戲是很好的堆肥，有助於培養、維持想像力；而閱讀、享受奇幻小說的時間也是營養豐富的堆肥，可惜家長只重視孩子的在校成績以及被大腦記住的知識，認為這些才是最有價值的東西。嚴重時，甚至還會誤將孩子的想像力當成謊言，認為是需要改掉的壞習慣。

但其實想像力非常重要，想像力是區分人類與其他動物的指標，也是促進人類文明永續發展的動力，抑是強而有力的武器，得以讓自己能夠在變化多端的未來生存下來。況且，在現今的學校教育裡，要培養想像力是非常困難的一件事，所以父母更應該多花心思照顧孩子這方面的發展。

世界知名科學家愛因斯坦曾說：「想像力比知識更重要。」當你準備串連既有知識製作成富含價值的物品時，或者面對單靠既有知識仍無解的難題時，都會需要創新發想，這時想像力就會派上用場。

除此之外，提出「看不見的手」理論的經濟學之父亞當．史密斯（Adam Smith）曾表示：「一個國家真正的財富來源，是國民的創意想像力」。未來學者艾文．托佛勒（Alvin Toffler）也說過，「面臨技術上的瓶頸時，在未來社會裡，將由想像力創造新價值」，在一片荒蕪的沙漠憑空冒出的拉斯維加斯和杜拜，打造成世界最佳觀光城市；在根本不存在的世界裡放入角色人物與故事，打造成迪士尼和哈利波特，創造驚人營收，都是這句話的最佳證明。世界一直在變（尤其是文化業和服務業），想像力就等於財富。

想像力是對抗現實的唯一武器

想像力亦是對抗艱困現實的絕佳武器。

二女兒就讀高中那年，某天一早，小女兒突然對我說：「媽，昨晚二姊哭了好久，妳知道嗎？」

「嗯，她好像很想把功課顧好，可是力不從心吧，感覺光靠努力也很難克服，所以找不到讀書動力，看起來很沮喪。」

由於二女兒不像其他孩子一樣，國小時期就立志要上科學高中，所以也沒有提前做準備，當初純粹因為喜歡數學，想要嘗試挑戰看看自己能否上科學高中，在簡單的準備後，竟順利通過了考試，如願進到科學高中。因此身處在接受過先行教育多年的同儕之間，似乎讓她倍感壓力。努力適應學校生活的期間，有時充滿動力，有時又陷入低潮，就這樣起伏不定地度過第一學期。每當孩子提不起勁時，我都會替她加油打氣，但是就在第一個暑假接近尾聲的時候，那天的她看起來格外灰心喪志。

「爸爸已經安慰二姊一個多小時了，但她的心情還是沒有好轉，爸叫我再繼續安慰一下二姊。」

於是小女兒開始向我解釋。她覺得不管自己說什麼，應該都沒有辦法安慰二姊，也無法幫忙解決問題，所以不如默默陪在二姊身邊，至少可以讓她卸下一些心理壓力，讓自己休息充電，再重新站起來。於是小女兒開始思考兩人可以一起做什麼事。

「二姊，我們要不要出去淋雨？都別撐傘，如何？」

兩人走出家門，偏偏就在那一刻雨停了，讓她們扼腕不已，但又不想就此折返回家，於是小女兒又提議，要不乾脆赤腳走在雨後潮溼的街道上？可是二女兒擔心腳底受傷，所以決定還是穿著鞋，小女兒則是打著赤腳拿著鞋子，兩人一起在傍晚的雨後街道上散步，聊了許多話。

走著走著，天空開始下起雨，兩人看著水窪裡映照著橘黃色的路燈，朦朧而美麗，宛如通往魔法世界的港口鑰⑩。

自那時起，兩人的魔法之旅就此展開。她們開始幻想：在水窪裡丟一片樹葉就能進入魔法世界，並開心地參觀樂高世界、怪獸世界、汽車世界，度過了一段幸福想像的時光。走著走著，走到了她們曾經就讀的國小，二女兒這時也脫下了鞋子，赤腳走在操場跑道上。然而，歡樂的時光總是飛快，當小女兒提醒天色已晚、該返家時，原本沉浸在想像遊戲裡玩得不亦樂乎的二女兒竟忍不住眼淚潰堤，應該是害怕面對重回現實的壓力與無奈所致。

經過一段時間後，默默在一旁等待的小女兒，重新詢問姊姊準備好回家了嗎？二女兒點頭表示同意，兩人便尋找樹葉打算扔在水窪裡重回現實世界，二女兒找了兩片樹葉，她表示一片是回家用的，另一片是為了將今晚的美麗回憶保存起來，所以多撿了一片做紀念。小女兒只是說了：「我們身處的是魔法世界，魔法世界裡的任何物品都無法帶回現實世界。」沒想到聽聞此話的二女兒，當下又立刻放聲大哭。

「我可以完全體會姊姊的心情。」

當下，小女兒安慰並同理二女兒的感受，於是二女兒逐漸找回平靜，好不容易止住了淚水。兩人重新朝水窪裡分別扔了一片樹葉，便折返回家。幸運的是返家路上，天空再度下起大雨，兩人痛快地淋了一場，結束了這段幸福又美麗的幻想旅程。

那天，小女兒的安慰可說是立了大功，因為隔天早晨，二女兒的表情看起來幸福洋溢，自此之後，她就開始卯足全力、投入學習。

《愛麗絲夢遊仙境》的作者路易斯．卡羅（Lewis Carroll）曾說，「想像力是對抗現實的唯一武器」，聽完小女兒的故事以後，我就深信不疑。想像絕對不是毫無用處、不必要的空洞幻想，而是身處在現實中、將來也要繼續活下去的我們，絕對不能沒有的能力。

⑩ 奇幻小說《哈利波特》中一種被施過魔法的物品，可以將接觸到它的人瞬間傳送到指定的位置。

孩子們一定要能盡情想像、享受幻想才行。

關於想像力的小實驗

不過，各位知道嗎？想像力其實也是有限的。接下來要向各位介紹一項關於想像力的有趣小實驗，假如各位也想參與，請閱讀以下文字並試著想像。

有一名帥氣的男子走到你面前，他那俊俏的臉龐，光是細細端詳就足以讓人如癡如醉，無疑是世界最帥的男人。他單膝下跪，遞上一朵紅玫瑰，向你告白。

來，試著想像這名男子的長相。想好了嗎？我敢保證，現在你想的這位世界最帥的男人，一定是至今你見過的長相（包括漫畫角色、影視明星，抑或是周遭認識的人），絕對是你此生見過的臉龐，對吧？

這項想像遊戲意味著，我們的想像力雖然無窮，但是每個人能夠想像的範圍是有限的；

亦即，我們只能從親身經歷想像，所以才會如此強調豐富經驗的重要性。不論是為了做為解決問題的手段，還是想像力的素材，都需要豐富多元的經驗支撐。但是現在我們的孩子都有哪些經驗呢？

身為父母，要讓孩子多認識這個世界才行，多看、多聽、多碰觸、多感受、多體驗，因為人的成長是依據經驗多寡決定。

第四個關鍵字：韌性

美國波士頓一間精神病院裡，住著一位名叫安妮的少女。安妮的母親已逝，父親是酒精成癮患者，原本一起住在貧民救濟院裡的弟弟也離開人世。安妮在多重打擊下導致失明、失聰，經常有自殺念頭，時常咆哮嘶吼。最終，安妮被醫生宣判永久不能恢復，被安置在精神病院地下室的小房間裡。

當所有人都放棄治療安妮時，一位名叫蘿拉的資深護士自願照顧安妮。她用友情的灌溉取代精神科治療，每天與安妮分享零食，也會念書給安妮聽。過了幾個月，安妮逐漸展現反應，開始變得像正常人一樣說話，說話的次數也與日俱增。

兩年內，安妮就被醫生宣判恢復正常，並順利在柏金斯啟明學校就學。上學期間，她不僅找回了失去的笑容，最後還被選為優秀畢業生，並得以在一連串手術之下，重見光明。

手術後的某天，安妮看見了一則報紙廣告，上面寫著「誠徵老師，指導失明、失聰兒童」，於是安妮下定決心，要回饋自己曾經收到的愛。最終，安妮用愛照顧該名孩子，並將其培養成世界知名人物——海倫·凱勒（Helen Adams Keller），而她的安妮老師正是安·沙利文（Anne Sullivan Macy）。

蘿拉陪伴安妮，同理安妮的痛苦，使安妮從谷底爬起來；而安妮後來也同樣陪伴海倫四十八年，無盡的關愛締造了奇蹟。據說安妮總是對海倫耳提面命，「繼續挑戰，繼續失敗。即使失敗，妳也一定會得到某個成就，儘管那份成就不是自己想要的，也一定是有價值的東西。」

「棉花糖挑戰」

鄭在乘博士在電視節目《差異Class》中，曾介紹了一項有關創意性的實驗——「棉花糖挑戰」，實驗方法如下：利用二十根義大利麵、一捲膠帶、一綑細繩、一顆棉花糖，進行三人一組的堆塔競賽，哪一組堆出來的塔最高，該組就能獲勝。比賽限時十八分鐘，棉花糖必須在塔的頂端，時間一到，所有人就必須停止動作，假如高塔支撐不住棉花糖的力量，出現鬆動傾倒，就會被判定為挑戰失敗，等測量完塔底到塔頂的距離以後，高度最高的小組將取得勝利。

TED講者湯姆．烏傑斯（Tom Wujec）針對各種職業的人進行了這項實驗以後，結果令人驚訝，除了建築師以外，執行長、律師、MBA學生、幼稚園小朋友這四組當中，反而是幼稚園小朋友堆出了最高的塔。經過觀察後發現，幼稚園小朋友與其他幾組的堆塔過程截然不同。

律師和MBA學生小組花非常多時間在擬定策略、修正計畫上，為了讓計畫有辦法順利執行，他們明確分工，討論並決定要往哪個方向建構高塔，做出詳細又縝密的規劃，直到倒數十秒時，才將棉花糖放上塔頂，但是這兩組堆出來的塔都沒能承受棉花糖的重量，瞬間傾倒。除此之外，這兩組都選擇較為定型化的三角錐形結構來搭建高塔。

反之，幼稚園小朋友則是毫無計畫、分工，直接堆塔，在十八分鐘內搭建出三到六個塔，並從中挑選最高的塔來參賽，而且他們堆出來的塔結構也十分獨特、極具創意。

鄭在乘博士正是特別針對這一點強調：「設定計畫並按照計畫執行，培養這種習慣的地方正是學校。所以越是以優秀成績畢業的學生，會越難面對並解決從未見過的新問題。富含創意的嘗試有九成以上都會失敗，但是只要不斷挑戰，就能創造出全新的事物。這正是為什麼就算失敗也要繼續挑戰的原因所在。」

鄭在乘博士用「棉花糖實驗」解釋了創意的重要性，和我認同的觀念不謀而合，所以在收看這集節目時十分投入、樂在其中。

身為養育下一代的父母，真正該扮演的角色也許就在於此，既然在學校體系裡難以培育孩子的創意，那麼身為父母，至少要容許孩子嘗試、犯錯才是。

「就算失敗也無妨，犯錯也無所謂，想做任何事情都沒關係，盡情去嘗試吧！在嘗試的過程中，一定會遭遇失敗，但那是非常正常的事情，不需要氣餒，因為世上沒有第一次嘗試就成功這種事。每一次的失敗都是你的經驗，也會成為使你長大進步的武器。人生中的所有經驗都會留下痕跡，與結果無關，所以不要拿自己和別人做比較，甚至感到焦慮，因為方向比速度更重要。媽是真心這麼認為，你現在只是在累積許多『漂亮的失敗』——也就是每一位專家強調的寶貴經驗。你真的很厲害，媽會尊重你的速度，所以放心煩惱、放心體驗失敗吧，媽會永遠支持你。」

父母要能容許孩子失敗

小女兒剛上國小時，開學後有三週左右都是十二點前就放學。當時我每天都會準時在校門口等她出來，為了打發等待的時間，我會看一些書。

某天下課鐘聲響起，我把筆夾在閱讀到一半的書頁之間，準備闔上書籍，結果一不小心，筆從書頁間滑落，不偏不倚掉進了校門口的排水孔裡。

我試圖伸手去撿，但發現手臂會卡在洞裡。正當我為沒用幾次就丟掉的筆感到惋惜時，放學的小女兒看見我一臉失落。

「媽，妳怎麼了？」

「我今天剛買的筆不小心掉進去了，好可惜喔。」

「是喔？別擔心！我幫妳撿出來。」

於是小女兒展開了一場拯救原子筆大作戰。一開始，她先試著將手伸進洞裡撿，但是洞口太小，失敗收場。接下來她又跑去學校的花圃，撿了兩根樹枝回來，打算用樹枝當成筷子將筆夾出，仍宣告失敗。

小女兒思考了一會兒，決定跑回教室，過不久，她便拿了一條鐵絲回來。她將鐵絲繞在食指上，做成小圓圈的形狀，並預留了一段長長的鐵絲當做握把。她手握鐵絲，將圓圈緩緩放進排水孔裡套住園子筆，小心翼翼地向上拉出，可惜在過程中重心不穩，導致原子筆老是掉回排水孔裡。

只要再向上拉出一點點就會成功了，小女兒重新思考有無其他方法。她為了成功取出那支筆，不斷地思考、挑戰、失敗，又再度挑戰、失敗、再挑戰，就這樣來來回回嘗試了一個多小時。

最終，她想到了一個好主意，並重新奔回教室，這次帶回來的東西是一．二公分寬的膠帶。她到底要如何用膠帶取出原子筆、萬一她再度挑戰失敗的話我又要等她多久……，我用複雜焦急的心情看著她，然而，驚人的一幕終於出現了！

她拉出一條長長膠帶，把末端黏成一個圓圈，讓帶有黏性的範圍變大，再緩緩放進排水孔裡，讓圈圈去黏住原子筆。果然皇天不負苦心人，她成功把筆撿了出來，總算試成功了！那一瞬間的喜悅簡直無法言喻！

這件事也讓我發現：**若要培育出儘管頻頻失敗也不放棄挑戰的孩子，就要先有願意耐心等待這段過程的父母**。我們應該要無限支持並允許孩子們進行無止境的嘗試與遭遇失敗——我知道這對於父母來說並不容易，但是假如局限在自己的框架裡養育孩子，他們能夠成長的空間有限，就只能被限制在父母的容器裡，所以為了下一代的未來，不妨用更寬大的胸懷來包容他們。

假如對此感到困難，那就和我一起吧，因為一個人走可能會很累，和別人一起走就會容易許多，這正是我決定寫這本書的原因之一。假如你也是屬於大腦知道該如何養育小孩，但是身邊認識的人都並非如此，使你倍感困惑的人，我會建議你不妨試著為自己也為小孩，牽起我的手一同朝這樣的方向邁進吧。

第五個關鍵字：專注力

儘管失敗多次，仍願意選擇繼續挑戰，是一件不容易的事情。面對自己喜歡的事，絕對有更高的機率願意重新鼓起勇氣挑戰。當我們在做喜歡的事情時，會激發出比平時更強烈的力量，所以挑戰成功的機率也愈大。

我們家小女兒從三歲開始就很喜歡玩拼圖，從未玩過拼圖的她，面對五、六片那種簡單拼圖竟然連正眼都不瞧一眼，直接就想挑戰四十片拼圖組。我看她拼得非常吃力，心想她應該玩一玩就會覺得累、不玩了，結果沒想到她竟然坐在拼圖前一個多小時，一邊嘛嘴抱怨：「媽，拼圖都不聽我的話。」一邊埋首繼續努力。於是我試著指導她怎麼玩，最終她也完成了那幅拼圖，成就感十足地微笑，接著，她又將整片拼圖打散，重新再拼一次。面對那麼困難的拼圖，小女兒自始自終都沒有選擇放棄，仍舊努力嘗試，到了六歲那年，她的實力已經晉升到可以拼三百片風景畫拼圖的程度。

大女兒八歲、二女兒七歲時短暫學過芭蕾舞，每週兩堂課，學了大約一個半月左右的時候，芭蕾舞老師打了一通電話給我。

「賢芝媽媽，賢芝好厲害喔，她跳得超級好欸！明明才學不到兩個月，和學了五、六個月的小朋友們一樣厲害。」

聽老師這麼說，讓我馬上聯想到「天才贏不過努力的人，努力的人贏不過享受的人」這句話。

回顧她們學芭蕾舞的這段時間，一開始其實是大女兒被老師稱讚「是個理解吸收速度非常傑出的孩子」，因為只要教她一個動作，她就會反覆練習好幾遍，將所有動作精準記熟。但是二女兒，卻是在才藝班下課走回家的路上，甚至在幼稚園裡，她的走路姿勢一直是維持芭蕾舞的動作，所以在短短不到兩個月內就明顯進步神速；當時她的態度不像是為了做好某件事而努力不懈，比較像是完全沉浸在芭蕾舞的樂趣當中。孩子直接身體力行向我展示了什麼叫「樂在其中」。

當然，大女兒也有她樂在其中的事物。喜愛閱讀的她，在國小六年級開始將《楓之谷大冒險》套書內容進行改寫，並發布在網站上，點閱人數竟超乎想像的多。自此之後，大女兒一邊參考讀者回饋，一邊培養寫作樂趣，直到某天，她認為市面上的小說和漫畫書都無法吸引她了，決定乾脆寫一本自己想閱讀的書，所以開始提筆寫作。

後來應網路讀者要求，她在國二那年寒假將自己寫的連載小說出版成個人誌⑪，光是預購就賺了不少錢。當時我還幫她去宅配，發現粉絲地址包含大學宿舍、藥局等，著實令我驚訝不已。原來只要做自己喜歡的事，就會產生任誰都阻擋不了的高專注力，儘管失敗也絕不服輸。最終，這些都會成為孩子專屬的色彩與一技之長，這也是我在養育三名女兒的過程中頻頻見證的事實。

喜歡就會提問 懂得提問就會變聰明

黃農文教授在《投入式思考：提升專注力的五階段學習法》強調，各界成功人士都有著一項共同特質：「投入」。除此之外，成功和幸福會決定專注度，因為做自己喜歡的事情時愈容易專注，也愈容易培養專注力。

著名的「莫拉維克悖論」指出，「對人類而言困難的事，對電腦來說相對簡單；對電腦而言困難的事，對人類來說相對簡單」。舉例來說，運用既有知識解決問題是人工智慧擅長的事；但是能夠多方接受訊息，懂得反問「為什麼」並從中找出問題點，則是人類擅長的事情。大家有過這樣的經驗吧，我們通常是在做自己喜歡的事情時，容易產生追根究柢的好奇心，這也是在第四次工業革命中大放異彩的那些人才所具備的力量。那麼，我們現在究竟該提供給孩子什麼樣的環境呢？

五歲的二女兒自從迷上公主系列以後，長達一年的時間，早上以公主開始，晚上也以公主結束。不僅每晚都要我幫她念公主童話故事書，玩遊戲時也會穿上我的內衣，想像成公主身穿的華服，以古典音樂為背景開設派對，或者藉由白雪公主、灰姑娘等故事來進行角色扮演。但由於我對公主系列並不是很感興趣，所以孩子們的喜好程度頂多也僅止於此。

⑪ 指作者不經過出版社，而是親自尋找印刷廠，將撰寫的創作內容印製成書，並放於網路上販售的書籍。

自從我決定敞開心房接受孩子們喜歡的事物以後，我終於買了她們一直想買的《童話故事公主系列著色書》，她們簡直喜出望外。當二女兒終於拿到央求了一整年都沒下文的著色書時，如獲珍寶般格外珍惜，一天甚至規定自己只能挑一頁來著色。

二女兒當時每天早晨醒來，睜開眼睛的第一件事，就是把床頭邊的著色書打開，小心謹慎地替一名公主著色。每次著色完以後，都是一副意猶未盡的表情，她會預先選好隔天要著色的頁面，決定好公主頭髮和禮服的顏色，再將著色書小心翼翼地闔上，等隔天醒來，又再反覆同樣的動作。

某天依照慣例在著色的二女兒，突然歪頭不解地向我問道：「媽，我看這本書裡的白雪公主、灰姑娘、睡美人等，都是西洋公主，韓國沒有公主嗎？」

我頓時語塞，凝視著她的臉龐好一會兒。那天我之所以會愣住，主要有三個原因。首先，我其實已經念公主童話故事給她們聽很久了，都是些西方公主、埃及豔后或法國王后瑪麗．安東妮的故事，可我卻從未想過韓國也曾有公主一事（韓國過去的確有公主存在，只是完全被我拋在腦後），我對於一個六歲孩子主動開口問我這件事感到十分驚訝。

果然喜歡的事物具有強大力量、能使人充滿好奇，這份好奇心還會提煉出提問，甚至是

打破砂鍋問到底的精神，我是透過二女兒才切身體悟到這項事實。出於喜歡某事而提問的人，會因好奇心找出問題，並透過發問使自己習得更多知識，變得更加聰穎。

第二，我很訝異孩子是從哪裡學到「西洋」這個詞的。這個疑惑在幾天後便揭曉。當時我們家有本服裝設計系的專書，我每天都會照著書裡收錄的照片，畫好幾套禮服讓她們玩公主紙娃娃換裝遊戲。某天我恰巧看見房間地板上放著這本書，原來書名《西洋服飾文化史》上就寫著斗大的「西洋」二字。

二女兒當時每天都會翻閱那本書，欣賞著書裡的公主禮服，睡美人、白雪公主、灰姑娘等，簡直對這本書愛不釋手，百看不膩。可能是因為書名上有著「西洋」兩個字的關係，才讓她推測出「書裡的公主都是西洋公主」的結論。

此外，每到逢年過節就必須穿的韓服，多少也有助於她進行辨別，畢竟韓服與西洋禮服款式截然不同——這又讓我再次體會到，孩子的成長過程中，絕對需要豐富經驗的事實。

第三個原因是，我再次體認到「要讓孩子成長，就需要準備好專業工具」的事實。假如我只是閱讀那些公主童話故事書給二女兒聽，她也不會想出那個問題——正因為有《西洋服飾文化史》這本六歲孩子不易閱讀的專業工具書、遊戲著色本，以及逢年過節必穿的韓服、描繪給孩子的公主服飾等種種因素的加乘，才使她有所成長。

最終，孩子們並沒有長成我所擔心的樣子——我本來擔心她們可能會有像公主一樣的心態，如整天無所事事、只知道享受、辦派對、癡癡等待白馬王子出現等，所以一開始我並不樂見她們沉迷於公主世界，但是自從我尊重她們的喜好，和她們開始一起玩以後，她們竟然對我說：「媽，我很慶幸自己是生在現代。假如我是公主，豈不就要奉命成婚，連對方長什麼樣子都不知道就要嫁給他，有些公主甚至從小就被凌虐欺負，或者因為生不出兒子而自責痛苦。我發現對公主了解愈多，愈覺得自己生在這個年代何其幸運。」

當自己對孩子喜歡的事物敞開心房、嘗試接納以後，沒想到孩子們竟然朝我出乎意外的方向及方式成長。

第六個關鍵字：玩樂

「孩子會透過玩遊戲認識世界」、「給孩子最棒的禮物就是遊戲」、「會玩的孩子才會成長」，我相信各位一定都有耳聞過這幾句話。《未來在等待的人才》（*A Whole New*

Mind）作者丹尼爾・品克（Daniel H. Pink）甚至指出「未來需要的人才一定要會玩樂」；此外，文化心理學家金正運教授在其著作《玩愈多，愈成功》中也提到，「玩樂是創意的同義詞，玩樂即是溝通」。其實這些話都是事實，並非誇大其辭。尤其如今的世代極度重視「會玩的能力」，因為頂級人才具備的創造力，正是來自於玩樂。

我們常見到外商公司的辦公室充滿著遊戲間的元素，這是值得我們關注的重點──既然人類已經無法超越人工智慧的知識，那麼唯有人類獨有的深度同理與溝通的特質，更必須透過玩樂發揚光大。這是我撫養三名孩子時屢屢體認到的心得。

況且，所有文化都是透過玩樂開花，不論是美術、音樂、舞蹈，還是遊戲、語言、飲食、服裝、建築、風俗等，即便當初都是基於「必須」，隨著時間流逝，漸漸添加了美感創意，變得不再只是為了基本生存需要，而能創造更多財富、到達更高的美學境界。世界不可能重回狩獵、採集、農耕的社會，拜第四次工業革命影響所賜，如今大眾已更重視用創意解決問題的人，以及培育出這種人的文化價值。所以試著和孩子們一起玩吧，我們早已進入「玩樂才是競爭力」的時代。

可是為什麼仍有許多父母一聽到「玩樂」，就會認為是不具建設性、不具意義，甚至要等該做的事情都做完以後，才去進行的事項呢？這樣的心理背後隱藏著「玩樂＝遊手好閒」的既定印象，猶如自動化系統般內建在我們的人生或內心陰影當中。在過去一定要挖土、播種、收成才有辦法存活的年代，老祖宗的智慧是「生產等於生存」；因此，對於那個年代的人來說，不具生產力的一切活動都是毫無意義的，與養家糊口無關的玩樂是不必要且不具價值的事情，所以他們會指責玩樂的人整天無所事事、遊手好閒。

然而，時代已然不同，為了因應變化無常的新時代，身為父母的我們應該要開拓自身框架，重新檢視自己的信念與判斷才是，否則父母的想法和語言都會對孩子產生直接影響。

孩子能夠透過遊戲培養思考力和專注力

孩子們還小的時候，看了一部電影《海底總動員》，後來我在客廳貼了一張白紙，再用黑筆在紙上畫了一隻鯨魚，引發孩子們的好奇，紛紛前來詢問我在畫什麼。

「妳們還記得之前看過的《海底總動員》嗎？小丑魚尼莫不是住在海裡嗎？我們要不要

一起來布置尼莫生活的海底世界呢！」

「哇，一定很有趣！趕快行動吧！」

「好喔！只要提到大海，媽媽第一個就想到鯨魚，所以我在這裡畫了一頭鯨魚，妳們呢？有想到什麼嗎？還記不記得有哪些生物住在大海裡呢？」

「嗯，我記得有尼莫，還有小丑魚、水母、海藻、海葵，還有海豚、珊瑚！」

「哇！妳知道好多喔！我們現在就來做水母、海葵、尼莫，然後把他們統統貼在這張白紙上如何？」

「好！」

「首先，我們先來想想看如何做出水母吧，要用什麼材料做才好呢？」

「（孩子思考了一會兒）啊！我想到了，可以用廚房裡的透明塑膠袋！」

「哇～這真是個好主意！」

孩子們會透過遊戲培養思考力，也會學習到專注力、語彙能力、想像力、理解力、創意力，以及成就感。不僅如此，還會訓練美感、表達能力、好奇心、問題解決能力，以及理解自己和他人的情感並進行溝通的能力，而這些都將成為課業學習的基礎。許多父母費盡心思希望孩子們能夠具備以上能力，但其實只要提供孩子們可以放心玩耍的材料和環境，她們就會專注投入在遊戲當中，玩得隨心所欲，自然而然培養出這些能力。

我們家三個孩子自幼就不太喜歡玩現成的玩具，她們比較喜歡利用家中現有的素材去創造，諸如廚房用的洗菜籃、飯勺、擀麵棍、碗盆、湯杓、衛生紙、水杯等，拿著這些日常用品展開想像，並在自己想像的畫面中盡情玩耍。她們常常玩煮飯遊戲，假裝做披薩、泡菜、辣炒年糕、年糕、麵包、湯麵等，招待彼此用餐，然後假裝品嘗食物、角色扮演。每次都會玩上一、兩個鐘頭，玩到渾然忘我。

大女兒五歲時，曾送她去上過幼稚園一陣子。可能是因為從故事書上看到的黃色幼稚園校車和學校生活十分有趣，

孩子們看完《海底總動員》後，
在白紙上布置的尼莫之家。

孩子們利用家中隨手可得的材料，
享受玩樂的樂趣。

她主動要求我幫她報名幼稚園。但是夢寐以求的幼稚園才去了一天，大女兒回來就哭著說她再也不想去上學了。

我想盡辦法連哄帶騙、甚至有點半強迫式地讓她多去了幾天，仍不見絲毫改善，於是我認真地詢問她，不想去幼稚園的原因是什麼。

「媽，老師要我們畫一幅關於春天的畫，我想了好久，最後決定要開始畫的時候，老師卻說時間到不可以再畫了，還叫我以後要畫快一點。」

原來孩子在接收到畫畫主題以後，思考了許久到底該畫什麼，決定要畫一片滿布盛開花朵和蝴蝶的大草原後，又猶豫了要畫哪幾種花朵和蝴蝶，經過很長的思考，她終於決定提筆作畫，可是老師卻在此時宣布時間結束，收走了女兒的畫本，不允許她繼續作畫，並指責她怎麼只畫了一點點，下次記得動作快一點。而且我後來發現，不只是畫畫，幼稚園裡的大部分活動都只給最多十幾分鐘的時間，就連我都認為實在太過倉促。

隔天我致電給老師，說明了女兒前一天畫畫的情形，並詢問老師有沒有可能多給孩子們一點時間。老師略顯不耐，她回應我：根據科學研究結果顯示，一般五歲兒童的專注力只有十分鐘左右，因此在安排課程活動時，都是以此為基礎來進行規劃。當時我才知道原來我們家的三個孩子，已經透過玩遊戲培養出超過一小時的專注力。

玩樂可以提升孩子的專注力，所以不妨相信玩樂的力量，提供孩子放心玩樂的時間和環境。如果真要指出我們家三個孩子都能夠考上英才教育院的祕訣，我會認為是「玩遊戲」。雖然我知道閱讀對孩子的成長有很大影響力，卻不見得每個孩子都對書感興趣，但玩遊戲是每個孩子的天性，世上沒有不喜歡玩遊戲的孩子，所以不妨提供一個絕佳環境，讓孩子們能夠盡情享受玩耍的樂趣吧。

你跟孩子玩的是「真正的遊戲」嗎？

最近只要去餐廳或咖啡廳等公共場所，就很容易目睹一種情景——不到一歲的孩子們紛紛兩眼無神地緊盯著智慧型手機。由於父母也有各種社交生活要進行，所以為了讓孩子們不在公共場所大吵大鬧，只好用智慧型手機安撫，我完全能理解這樣的做法；但是隨著四處演講、和許多媽媽們交流以後，我發現原來不只是在外面，就連在家裡，家長也很常用智慧型手機來顧小孩。

現在的孩子很容易接觸智慧型手機，由於智慧型手機普及的時間還不夠長，所以還沒有研究能指出從小就長時間接觸智慧型手機的孩子，長大以後發展得如何，也沒有一份明確且值得信賴的研究論文證實「智慧型手機對孩子造成的長期影響」。但是根據多位研究人員的實驗結果顯示，讓孩子太早接觸智慧型手機，不僅容易出現過動症或綜合性的思考能力低下，也會阻礙與父母之間的依附關係，造成家人之間溝通不順等，對生理發展也容易帶來負面影響。

「近朱者赤，近墨者黑」，人是會依照自己所屬環境而改變的動物，尤其年幼時期更是如此，會根據成長環境激發出不同程度的潛力與可能性。在印度狼洞中發現的兩名女童——卡瑪拉（Kamala）和阿瑪拉（Amala）正是最佳寫照。

奉勸各位爸爸媽媽，相信長期研究結果證實的玩樂力量，試著幫孩子打造豐富多元的玩樂環境吧。要有輸入才會有輸出，在什麼都沒有的環境裡，不能期待會開出好果子。要有開放的環境，孩子們才能在那裡自行摸索、接受刺激、進行思考、有所成長。

等他們可以充分玩樂的環境打造完成後，接下來要做的事情就是跟隨他們。在電視節目

《遊戲的叛亂》中，曾將孩子們的遊戲分成「真遊戲」與「偽遊戲」——在父母創造的環境裡，按照父母設定的遊戲順序、方式與遊戲時間進行，被稱之為「偽遊戲」；「真遊戲」則是沒有目的、由孩子親自主導、開心快樂地玩耍，這才是所謂真正的遊戲。假如不跟隨孩子，只是一味地想把孩子放進自己的框架裡，那麼就是虛有其表，打著遊戲的旗幟，卻發揮不了遊戲真正的力量。

然而，問題在於每個孩子生性不同，所以難以預測孩子面對父母一手打造的遊戲環境會產生什麼反應，而父母也會對這種不確定性感到困擾不已。

可以和孩子簡單進行的遊戲當中，有一種美術遊戲叫做「轉印畫」（Decalcomanie），玩法是先將紙張對折攤開，在半邊紙擠上顏料，再將紙對折，用力將紙張壓平，攤開後就會看見美麗的水彩花紋對稱地印在紙張的左右兩側。身為家長的我們，只要看著孩子自行完成這一切，並於最後詢問孩子：「你覺得這個花紋像什麼？」即可。

然而實際進行時，可能會出現各種情況。例如請孩子試著將紙張對折，但是孩子只顧著折紙，完全無法進入下一個步驟，儼然變成了折紙遊戲。

儘管如此，我們也一定要耐心地跟隨孩子，因為要玩「轉印畫」純屬母親的想法，孩子是完全可以玩其他遊戲的。當你選擇一直跟隨孩子自由發揮，可能會看見玩了折紙遊戲許久的孩子，突然又拿起顏料，讓你覺得等待果然是值得的。然而，快樂也只是一時，這次孩子又沉迷於擠顏料遊戲，一副要將今天你才剛買回來的三十六色水彩一鼓作氣擠完的氣勢，這時，媽媽的內心深處開始燃起一把無名火，在忍耐與爆炸之間展開天人交戰，最終，當孩子把顏料噴出紙張外的那一剎那，就會澈底按下媽媽的爆炸鍵，忍不住放聲大叫。

「欸——！不行！」……我也有過這樣的經驗，所以可以完全體會，這時無論如何都要先深呼吸，千萬不要質問孩子為什麼把顏料弄到紙張外，反而是要問自己：「究竟為什麼前面都能忍，偏偏就是在這個點上忍無可忍、失控大怒？」當你捫心自問以後，會發現自己也許是因為討厭打掃，或是討厭水彩顏料被浪費而暴怒。

之所以會對孩子情緒失控，其實大部分都是由於父母的「內在小孩」；當孩子不認真完成作品只顧著擠顏料時，有金錢創傷的父母會為孩子的浪費而難忍怒氣；當孩子把顏料弄得到處都是時，有打掃創傷的父母則會認為要清潔這一切實在太費力而對孩子發火。

因此像這種時候，媽媽就必須端出自己和孩子都能雙贏的策略才行。假如不希望孩子把家裡地板弄得到處都是顏料，下次記得先鋪好報紙在地板上，假如報紙太小，或者紙張範圍不夠大，那就選用更大的紙張、更多的數量鋪在地板上，擴大保護範圍即可，專心陪孩子玩這款遊戲就好（順便覺察自己被禁止弄亂家裡的「內在小孩」）。

如果是認為孩子浪費顏料而生氣的母親，下次就別買昂貴的三十六色水彩，改買十二種顏色，或者到大創買相對便宜的顏料來進行即可。也不用每天都給孩子顏料，一週讓他們玩一次就好，或者每兩週玩一次便足矣。然後試著覺察自己對金錢的傷痛，努力將其送走。

為什麼陪孩子玩這麼難？

在我四處演講時發現，有些家長會對於陪孩子玩這件事感到特別棘手，起初收到「我不曉得該如何陪孩子玩」的提問時，我以為只要告訴這些家長遊戲方法即可，但是在這六年走遍全國各地及國外的經驗裡，讓我發現背後的真正問題是，父母有著一顆難以陪孩子玩的心，也就是父母心中那受過傷的「內在小孩」。

有名母親參加我所開設的「遊戲工作坊」，我請她把道具氣球吹出來，結果吹到一半「砰！」一聲爆炸了。所有人都只是露出嚇一跳的表情、彼此相視而笑，接下來就繼續照常課程，但是那位把汽球吹破的母親直接離開現場，經過好長一段時間才重回教室。她後來告訴我，原來她從弄破氣球的那一刻起，母親說過的話就一直迴盪在耳邊。

「妳每次做事情就是這樣，妳到底會做什麼？真是氣死我了。每次做事都這麼不謹慎，以後到底能幹嘛？妳該不會連自己的本分都做不好吧？」

她說，自己之所以會離開教室，就是因為耳邊突然冒出母親從小到大經常對她說的話，讓她再也無法專心上課。

對於玩遊戲這件事感到困難的父母，往往都是因為童年時期缺乏和父母一起玩的經驗，更深一層的探究，不外乎都是因為小時候不得不幫忙做家事、因爸媽有潔癖而禁止把家裡弄亂、父母過多的嘮叨和控制導致沒辦法盡情玩樂，連玩遊戲都要被規定，抑或是父母對於課業要求太高，沒辦法盡情玩耍等這幾種情形。就如同托爾斯泰的名句：「幸福的家庭都是相似的，不幸的家庭各有各的不幸」一樣，父母會對於陪孩子玩感到痛苦、困難，也是各有各的原因。

但我還是希望各位可以察覺內心傷痛並治癒它，為孩子提供良好的玩樂環境；因為玩樂是孩子們的語言，爸媽藉由養育子女，也等於得到了美麗重生的寶貴機會。

母親的功課⑦

從「媽媽」中請假一天

再忙的工作也都有假日和休假日，唯有母親這份工作是全年無休，不覺得很不合理嗎？今天試著向家人告假一天吧，畢竟人是透過「休息」獲得活力與能量。不論是家事還是孩子們的需求，都先試著暫停一天，專注在自己身上。不要只知道體恤家人和周遭人士，記得也要多體恤珍貴的自己。

妳今天想做什麼事呢？想吃些什麼？想去哪裡？假如妳有完全屬於自己的一天，會想要為自己做什麼事情？今天不妨就去執行吧。抬頭挺胸地告訴家人自己也需要休息，並試著好好為自己活一天。

切記，「需求被填滿的地方，自然也會填入意欲和渴望」。為妳加油喔！

第八章

只有「讀書」能鍛鍊的能力

閱讀大量書籍的孩子，等於手握最強武器，

一次擁有培養創意的元素：背景知識、豐富經驗、想像力。

累積知識與經驗的工具

先前提到有助於孩子成長的關鍵字「知識」和「經驗」，要透過何種方式累積呢？

二〇一四年仁川亞洲運動會時，我去看了游泳選手朴泰桓的現場比賽。因為手上剛好有一張友人送我的門票，我當時心想，既然如此盛大的活動就在附近舉行，至少也應該親臨現場觀賽一次。那天我的確有了前所未有的驚人體驗，我在游泳比賽現場用全身去感受「親自體驗」的臨場感。

在那之前，游泳這個比賽項目對我來說是個滿無聊的運動。過往的奧運，我是透過電視轉播收看比賽，小螢幕裡的選手們在游泳池水道裡來來回回，看誰先碰觸到牆面誰就獲勝，是個不怎麼刺激的比賽項目；但是當我親自到游泳館內現場觀賽時，和透過轉播看比賽的感受大相逕庭，說得更精準一些，我從游泳選手們入場開始，就被他們那厚實寬大的肩膀震懾住了。我當時的念頭是「人類的肩膀怎麼可能練成那樣？」，全都是貨真價實的肌肉，每位選手的肩膀都如出一轍。雖然曾聽說游泳選手的肩膀很寬，但是當我親眼目睹時，那種震撼力又截然不同。透過視覺，我可以直接地感受到這些選手們花了多少時間、汗水與淚水，做了多少艱苦的練習與訓練，才成就出那雙堅硬厚實的肩膀。

除此之外，選手們準備就位時，空氣中瀰漫的那股緊張氣息也如實傳遞至觀眾席，隨著信號響起，選手們在水中奮力衝刺，一上一下地浮出水面換氣，讓人看得手心直冒汗。從反覆換氣的動作中，我可以感受到選手們的緊張感、在水中翻騰的逼真感，以及瞬間游到水道另一頭的速度感，那是隔著電視螢幕難以想像、體會的悸動。

和我一起去觀賽的女兒也興奮地踢著雙腿表示，果然和看電視轉播完全不同，沒想到游泳是這麼有趣的比賽。由此可見，親身經歷與間接經歷完全是天壤之別，那次體驗讓我澈底體會所謂「臨場感」是這麼一回事。不僅如此，親眼看過比賽以後才能夠深刻體會，那些選手一定是費盡千辛萬苦、吃足了苦頭才有辦法站上臺，也激勵我重新找回人生動力。

一個人經歷多少，就會成就多少；尤其是孩子，要透過五感觀看、聆聽、品嘗、感受、思考許多事物，才會有所成長，至少在進入國中以前是如此。上完學校課程後緊接著補習班課程，補習班課程結束後再被各種作業淹沒，光靠書桌前的經驗是沒有辦法成長的。就如同海姆．吉諾特（Haim Ginott）博士所言，「孩子們就像未乾的水泥，不管碰到什麼，都會留下印記」，所以才如此強調經驗的重要性。

然而各位也知道，若要親自體驗世上所有事物，無可避免一定會遇到危險，也會遇到現實條件不允許的情況，所以我們必須多送「書」給孩子，因為書是豐富經驗的替代品，為了讓孩子成長，沒有什麼東西是比書還要低風險又有效的工具了。透過書籍，我們可以自然習得所有知識的基礎——語彙力、理解力、思考力、表達力、邏輯力、集中力、問題解決能力等，而且這些能力，對於日後的學習也能起到很大的作用，會直接反應在課業成績上，所以從各方面來看，書絕對是很棒的學習工具。

在孩子的成長過程中，書是不可或缺的物品，儘量讓孩子接觸多樣化的書籍吧。創作、童話、數學故事、科學故事、傳統故事、經典名作、偉人自傳、自然觀察、歷史、哲學、文化、神話、宗教等，讓孩子在每個成長階段都能接觸豐富多元的書籍。閱讀大量書籍的孩子，等於手握最強武器，能夠取得培養創意最重要的三元素：知識、經驗、想像力。

我相信各位家長一定都明白閱讀的重要性，不過接下來我想與各位分享幾個在過去演講中家長經常提問的問題，以及對孩童閱讀的一些誤會與疑問。

閱讀教會我們的事

大女兒五歲時，大量閱讀了《福爾摩斯》的系列小說，整個人沉迷於推理小說，包括《巴斯克維爾的獵犬》（*The Hound of the Baskervilles*）、《歪嘴的人》（*The Man with the Twisted Lip*）、《恐怖谷》（*The Valley of Fear*）等一些光書名就不太尋常的書籍。我自己也閱讀過《福爾摩斯》系列，所以很明瞭孩子在閱讀什麼內容，這也是我感到擔憂的原因。《福爾摩斯》小說的所有內容都是關於犯罪，殺人方法也是千百種，不是勒死、毒死，或是槍殺，有時候也會利用動物，不管是基於怨恨還是由愛生恨，總之都是先出現被害者，再進入偵探故事的環節。然而，一名五歲小朋友閱讀這樣的故事內容，我又該如何看待呢？身為母親自然是憂心不已。

一開始，我很想阻止她閱讀這類書籍，因為我左思右想，依舊認為《福爾摩斯》不太適合這麼小的小孩閱讀，所以我嘗試勸阻孩子，也刻意避開書店，但是都效果不彰。我當時一直想幫熱愛閱讀、也的確讀了許多書的她多添購一些新書，但是畢竟不可能把喜歡的書統統都買回家，所以我常常帶她去書店看書。每次只要一到店內，她就會直衝《福爾摩斯》的書櫃。由於當時大女兒還有兩名不識字的妹妹，所以當我在照顧妹妹、念書給她們聽時，一轉眼便會發現大女兒早已盡情沉迷在推理小說的世界裡。當我發覺自己也無能為力時，只好放手讓她去閱讀。

於是照慣例，我們一家人每週末一定會到訪一間千坪規模的書店，三個孩子從爬行到走路，再到學會閱讀，都有著這間書店的身影，所以店員都認識我們，也很喜歡三個孩子。

那天我們一走進書店，店員就熱情迎接孩子們，然後打開專門為小客人準備的糖果罐，邊說：「小朋友們，來，給你們吃顆糖再去看書吧！」然而，店員才發現罐裡竟然只剩下一顆糖，卻已經脫口而出。不知該如何是好的店員只好趕緊改口說：「小朋友們，糖果只剩一顆了，妳們先去看書，等一下再一起吃喔！」

在那當下我立刻覺得大事不妙，那麼小的一顆糖，怎麼可能精準分成三等份，不用想也知道接下來會出現什麼場面，不外乎一定是爭論沒有均分、她的比較大我的比較小等……，諸如此類的事情。

為了不讓自己陷入如此可怕的場面中，我急忙將那顆糖果交到了老公手中，想來無法將糖果均分的老公，將承受孩子們的抱怨攻擊，而我則可以從這場混亂中全身而退。果然不出我所料，大女兒率先提議所有人先各自閱讀一小時，然後再回來集合，將糖果均分成三份一起享用。於是我們就在偌大的書店裡，分頭去找自己喜歡的書來閱讀。

也不曉得為何，我的不祥預感總是特別精準，看書還不到一小時，二女兒便開始向爸爸吵著要吃糖。

「爸爸，我想吃糖！糖果呢？我想吃糖果啦～」

總是滿足孩子所有需求的老公，一如既往地問著二女兒：「寶貝賢芝，想吃糖果啊？」絲毫沒考慮到把糖果交出去會迎來多可怕的後果，他將包裝撕開，整顆糖果直接放進二女兒嘴裡，還問女兒：「好不好吃？」一把將二女兒抱起，父女倆甜蜜極了。

就在那時，大女兒突然從書店另一頭跑來，滿臉期待地喊說：「一小時到了！快來分糖果吃吧！要平分成三等份喔！」

當下我整個人僵住了，老公和二女兒也驚愕不已，二女兒嚇到連原本含在嘴裡的糖都掉到了地上。原本滿心期待準備吃糖的大女兒，似乎察覺到這不尋常的氣息，她跑到一半便停下腳步，站在那裡用銳利的眼光盯著爸爸、妹妹和我看，並一臉極其不悅。

妍秀：「糖果呢？」

先生：「（錯愕不已）這、這個嘛……糖果呢？我本來是放在口袋裡，準備等等給妳們吃的啊……真是怪了（翻找口袋）……為什麼找不到糖果呢？難道是我掏出錢包時不小心掉了？怎麼辦？糖果不見了……」

妍秀：「（表情帶著堅定和不悅）爸爸，你別再說謊了，假如你老實說，我還不至於這麼不開心，就是因為你說謊，讓我更生氣！」

先生：「才沒有……爸爸才不會說謊，真的不見了！」

妍秀：「（用充滿自信的眼神）不，爸爸，你分明就是在對我說謊。明明說好一小時後大家一起吃糖果，但是我推測賢芝剛才一定是等不及，所以不停哀求爸爸給她吃糖果。於是爸爸就一如往常地答應了賢芝的要求，還親手放進賢芝口中！賢芝應該也是像平常一樣含著糖果，讓糖果在口中慢慢融化。但就在此時，我跑了出來，大喊著要吃糖果，可想而知你們會多驚訝，一定都嚇傻了，尤其賢芝嚇到連口中的糖果都掉落在地上，你們的雙腳之間那顆吃到一半的糖果，就是證據，因為那顆糖果和剛才店員姊姊給我們的糖果是一樣的！」

在一旁目睹這一切的我簡直驚呆了，大女兒彷彿是看著監視器畫面般，竟能如此精準推理出一切。當下我才終於明白，大女兒對推理小說感興趣的是福爾摩斯的演繹法。孩子並沒有像我擔心的那樣學到殺人和對人的憎恨，取而代之的是學到了邏輯推理能力。

由孩子決定書的種類和難度

可惜我這份心得僅適用於大女兒。從小就與眾不同的大女兒，有著令人信賴的特質，所以只要我面臨無可奈何的局面，就會選擇相信她，放手讓她自己去嘗試。但是另外兩位妹妹就不是這麼一回事了，尤其小女兒，她是三個孩子中閱讀量最少的孩子。

會有這樣的結果也是無可厚非，因為二女兒還很小，我實在無暇念故事給小女兒聽，而且在她剛滿三歲時，我也不巧罹患了急性腰椎間盤突出，整個身體都動彈不得，所以只好將大女兒和小女兒送去娘家代為照顧，綜合種種因素，我的確沒有足夠的餘裕去培養她閱讀的習慣。小女兒本來也是非常喜歡書的孩子，但從娘家接回來以後，小女兒有好幾年時間幾乎不再自己找書來看。

然而，如此不愛閱讀的小女兒，偶爾還是會很罕見地拿著書來請我念給她聽，大部分都是大女兒讀過的文字書，不然就是我讀到一半的育兒書。當時我實在難以理解她的選擇，對於鮮少閱讀的小女兒來說，這些書的語彙量非常多，就算念給她聽，她也一定聽不懂，不明白她為什麼老是要選這些書。到後來，我有點懶得浪費力氣和時間去念這些她也聽不懂的書給她聽，所以每當小女兒拿著書跑來找我時，我只念一頁後就藉故離開。我也曾連哄帶騙地試著說服她，讓她選擇難度較低、符合她年齡的讀物。但是孩子在聽那些相對簡單的故事時，每次都無法專注太久，馬上就會離開座位跑去做其他事情。事隔多年我才發現，原來當時是我的做法不對。

書的難度和類型應該由孩子決定，不該將孩子局限在媽媽的狹隘標準裡，告訴她「這是對的、那是錯的，所以妳應該要聽我的」，固執己見。身為母親，反而應該扮演完全跟隨孩子的角色，就如同喜歡喝咖啡、飾品、汽車一樣，每個人都有自己偏好的事物和品味，沒有絕對的對或錯。

孩子的閱讀偏好也是，只要幫她讀出她想要看的書籍即可。孩子自己會做判斷，「看來這本書不怎麼有趣」、「這本太難了」、「這本好精采」。如果是孩子認為無趣的書，她下次就不會再選那本，根本不需要用母親的標準或判斷去插手孩子做的選擇，亦即，不要用自己狹隘的框架預先替孩子做判斷，並剝奪掉他們體驗的機會。只因為自己比孩子多活了幾年、知道較多事情，就直接奪走孩子自行決定個人品味和程度的機會，這樣是不妥的。

「這本書對你來說太難了，去換一本簡單一點的來。」經常聽父母說這句話的孩子，久而久之，說不定就會認為「喔，原來這種書對我來說太難」，反而矮化自己，把自己的極限設定得愈來愈低也不一定。所以我們還是拓展自己的器量，跟隨孩子的步伐吧。當這些機會一次又一次累積，他們就能培養出自行主導的能力，用自身能力和色彩找到定位。

接下來我要介紹一首詩，這首詩能夠提醒我們，父母只要相信孩子、跟隨他們就好。

如果生養小孩可以重來一次

黛安・盧曼斯（Diana Loomans）

如果生養小孩可以重來一次，我會先建立他的自尊，然後再來處理家務。我寧願陪孩子用手指畫畫，也不要用手指著孩子罵他。我會少些管教，多些連結。我不會再緊盯著時鐘，而是多看看孩子。

如果生養小孩可以重來一次，我不會再要求孩子要知道更多事物，而是會讓他學習如何對更多事情感興趣。我會帶他更常出去遊山玩水、放風箏、跑更多草原、看更多星星。我會多擁抱他，少與他爭執。我會對他少些嚴厲，多些肯定。我要讓他們看見愛的力量，而非眷戀於權力。

用漫畫書培養表達能力

孩子愛看漫畫書是許多父母擔憂的事，也不曉得是從哪裡道聽塗說的，總是滿臉愁容地問我：「如果孩子漫畫書看太多，之後不習慣閱讀文字書的話怎麼辦？」並追問我有什麼好方法能讓孩子改讀文字書。然而，已經體會到漫畫書樂趣的孩子，往往都不太願意放下有趣的漫畫書，乖乖按照爸媽的心願去讀整頁都是文字（尤其是以知識為主）的書籍。而且只要去學校或住處附近的圖書館，就能輕鬆接觸到豐富多樣的漫畫書，只要有心，隨時都可以躲開爸媽的視線，我們根本不可能把全世界的漫畫書統統藏起來，澈底阻絕孩子接觸漫畫書。

要我說的話，反而會認為既然孩子都已經接觸過漫畫書，閱讀經驗也很愉快，那麼不如積極運用漫畫書做為育兒的教材，因為漫畫書也可以是很好的橋梁，能幫助小孩累積成長所需的對話、說服、討論能力。

猶記三個孩子還就讀國小時，她們都很喜歡看漫畫書，尤其熱愛《楓之谷大冒險》，不分晝夜地閱讀，還會一個人看到咯咯笑。每次只要推出新的一集，就會立刻購買，開心地閱讀完以後，再從第一集開始重頭閱讀一遍，可見她們對這套漫畫的喜愛程度非比尋常，因此《楓之谷大冒險》在我們家隨處可見。

某天，我送孩子們去上學以後，正準備開始打掃家裡，隨手撿起了一本《楓之谷大冒險》，試讀了一會兒，腦中突然想到一個好主意。

那天孩子們放學後，我對小女兒說：「夏允！媽今天趁妳們上學時讀了一下《楓之谷大冒險》，結果發現好有趣喔！可是我有太多事情要做，沒時間追漫畫，妳能告訴我現在到底是誰拿著長生不老藥嗎？」

或許是看見媽媽對於自己熱愛的漫畫書也感興趣，還主動發問，小女兒開心又興奮地告訴了我答案。不同於平時有條不紊的說話方式，她那天因為太激動，反而回答得不清不楚。

瞬間我體悟到，假如父母也閱讀孩子喜歡的漫畫，然後再對此展開討論，說不定能藉此訓練孩子將雜亂無章的閒聊，整理成井然有序的回答也不一定。

所以從那天起，也就是大女兒六歲、二女兒五歲、小女兒三歲開始，我就把餐桌對話主題改成了她們熱愛的《楓之谷大冒險》，藉此機會重燃孩子們加入餐桌對話的興致。

「龍王為什麼需要長生不老藥呢？」

「說到多多，妳們會想到什麼？」

「妳們想要哪一隻動物當妳們的精靈寵物呢？」

餐桌上笑聲此起彼落，孩子們暢所欲言，歡快大笑，也逐漸培養出能夠清楚表達自身想法，且讓對方充分理解的實力。

以孩子關心的事做為親子對話主題

二女兒想考科學高中時，我為了幫她蒐集升學資訊，參加過幾場學校舉辦的說明會。流程通常是代表學校的老師先進行學校簡介，並說明入學申請方式以及入學資格等，最後開放現場家長們的提問。我每次都會透過其他家長的提問，得知一些我自己本來也很好奇，或者根本沒想過的問題等，所以其實獲益良多。但是每次去參加這種說明會時，總是會有家長提出這個問題。

「既然您剛才提到，校外得獎成績已不具意義，會純粹以校內紀錄來篩選學生，那麼將貴校做為第一志願的學生，〈學生學習歷程檔案〉應該都長得大同小異，成績優異、校內得獎紀錄豐富、社團活動經驗也差不多，所以不曉得貴校究竟會以什麼標準去比較、評核、篩選學生？

「我唯一能想到的關鍵，就是面試那關了，但這又會產生另一個問題：我的孩子是男孩，一般來說，男孩比女孩的表達能力差，比較難以條理分明地講述自己的想法，所以往往傳遞不出自己真正具備的知識深度，我個人認為男孩在面試過程中是比女孩吃虧的。想請問校方在這部分是否有其他補強方案，比方說，有沒有一些可以幫男孩加分的項目？」

神奇的是，每次只要有家長這樣提問，周遭家長們就會紛紛交頭接耳：「對啊！我也正想問這件事！感覺學校的入學審查制度的確對女孩比較有利。」還不只遇到這種情形一次，是我每一次參加說明會，都會聽到這樣的提問。坦白說，個人認為這個問題實在荒謬。

我也承認女孩的表達能力的確比男孩好，但如果按照這樣的邏輯來看，我們也可以說社會上普遍存在著一種刻板印象——女孩的數學能力比男孩差。實際上從科學高中的入學新生性別比例來看，男孩的入學率明顯遠高於女孩，那麼這難道可以視為是對男孩比較有利的學校嗎？

假如是孩子比較欠缺的部分，應該是想辦法補足強化，而不是要求學校安排對自己小孩有利的加分項目，我怎麼想都認為不合理，反而給人自私、只替自己小孩著想的感覺。

我相信，大家對於韓國最佳主持人是劉在錫或孫石熙這點一定毫無異議，認為他們當之無愧，但是各位有沒有發現？這兩位都是男性，為了在自己的領域脫穎而出，我相信他們一定下足了苦功，才有今天這番成就——而這正是重點，光靠本身具有的才華，是不足以達成任何成就的，在過程中還需要添加充分的努力，才有機會嶄露頭角。不過，這份努力如果是基於被迫，就會很容易因痛苦而選擇半途而廢，而漫畫書的優點正在於此，光是父母敞開心房、和孩子一起談論他們喜歡的漫畫書，孩子們就能輕鬆愉快、自然而然地習得未來社會需要的人才特質——閱讀、對話和討論。

我有名朋友家的客廳兩側牆面滿滿排著漫畫書。當初她為了幫較晚開始閱讀的孩子培養閱讀興趣，只要是孩子想買的書，她都會儘量滿足，偏偏孩子選的書又剛好都是漫畫書，所以他們家才會有那麼多的漫畫書。然而，她的孩子小六時，依然如願考上了英才教育院。因此就算是漫畫書，只要孩子喜歡閱讀，爸媽不妨試著拋開對漫畫書的成見，藉由它來累積親子之間的美好回憶、變成孩子們的學習管道。

自從我們家三個孩子都長到一定年齡，孩子也都開始住校以後，幾乎沒什麼時間可以與她們進行餐桌對話，但是過去所累積的那些餐桌對話時光，對我來說一直都是很美好的回憶，我很感恩有那段日子。「餐桌對話」絕對是我可以充滿自信介紹給各位的最佳育兒方法。試著和孩子一起閱讀他們喜歡的書籍，再以那些內容為話題，與他們聊天吧！

奇幻小說的驚人學習效果

二女兒國小低年級時，整天只看漫畫書，雖然我不禁止她看，但是當時的我不如現在經驗豐富，所以偶爾還是會擔心只看漫畫書的女兒。

直到她上國小三、四年級以後，終於開始願意讀文字書，還是奇幻小說。一開始我有點開心，因為女兒從只看對話框裡的文字，變成會閱讀《多倫王國的祕密》（*The Secrets of Droon*）、《神奇樹屋小百科》（*Magic Tree House*）等青少年小說，但是隨著她年紀愈來愈大，我又不禁開始擔心起來，因為她只閱讀奇幻小說，對其他類型的書籍一概不感興趣。

當她依序讀完《塔拉的奇想冒險》（*Tara Duncan*）、《哈利波特》（*Harry Potter*）、《夢書之城》（*The City of Dreaming Books*）後，又選擇以大人為主要讀者群的《龍族》等奇幻小說來閱讀。直到這孩子升上小六時，我看著對奇幻小說愛不釋手的她愈來愈憂心，因為讀完奇幻小說後，她所展現出來的行徑不太尋常。

「媽，我好難過喔。書裡的人只要揮動魔杖，念一聲『速速前！』就能找回遺失的物品，但是不論我怎麼揮動魔杖，都不會出現我想要找回的物品。」

「媽，我也想去魔法世界，我希望自己一覺醒來可以在魔法世界裡自由飛翔，還能親眼看見龍，展開一段有趣的冒險。為什麼都沒有人邀請我進入魔法世界呢？」

每當我聽到女兒說這些話時都會心頭一驚，「明年就要升國中了，怎麼還不會區分想像和現實？都這個年紀了，難道是因為只看奇幻小說造成的嗎？又不能把時間倒轉！怎麼辦？」

想著想著，不禁對看似一無是處、反而有害的奇幻小說心存懷疑，也對孩子憂心忡忡。

直到這天，剛好是每週固定和一名女兒單獨散步的日子，那天剛好輪到的是二女兒。我們一如往常，吃完晚餐便走出家門，然後去了一間超市，買一瓶飲料，和女兒挽著手臂、十指緊扣的邊聊天邊散步。我們聊起時下流行的偶像團體、流行音樂、學校生活等，不停發出「是喔？」、「真假？」、「哇！」之類的感嘆詞，度過了一段幸福美好的時光。

就在那時，二女兒抬頭看著天空，突然喊出：「哇！媽！妳看那隻劃過青空的美麗鳥兒！是不是很迷人？」

瞬間我像是被當頭棒喝一樣。不屬於日常對話的文藝腔，不停繚繞在耳邊，讓我不禁心想：「剛才到底聽到了什麼？」因為我家只有大女兒才會使用書中常見的美麗詞彙來表達，和她聊天時，我總是很享受那些充滿高級感的語句和豐富淵博的話題，所以在我的印象中，一直都只有大女兒會用這種方式說話。

反之，閱讀量少的二女兒，在溝通表達上一直以來都很平凡，卻在那段時期突然會用一些吸引我聆聽、留意的詞彙，正當我納悶著「她的語彙能力最近怎麼突然變這麼高？」時，剛好又聽見她說「劃過青空的……」，著實被她嚇了一跳。當時我在心中留下疑問，回歸忙碌日常以後，這件事情又自然被我遺忘了。

幾天後，我送完孩子們去學校，獨自在家中打掃時，發現房間地板上堆著幾本《龍族》，我好奇究竟這本書有什麼好看的，居然可以吸引大女兒和二女兒都愛不釋手，所以隨意翻開一頁，結果竟然看到了這樣一句話。

「一隻劃過青空的美麗鳥兒……」

我才終於明白，原來二女兒在那段時期的語彙能力突然進步很多，都是拜閱讀大量的奇幻小說所賜。

奇幻小說還有另一項優點：比一般書籍厚重。二女兒上學時也會帶著奇幻小說，趁下課時間繼續閱讀，班上同學看她每次拿出比教科書還要厚（有些奇幻小說的頁數多達一千頁以上）的課外讀物來閱讀，還以為她是個很認真讀書的學生，但其實二女兒純粹是覺得故事很有趣，想要繼續看下去罷了，她從沒說過自己很會讀書（實際上也不怎麼會），同學們卻老是對她有這樣的錯誤印象。

二女兒還曾對我抱怨：「媽，同學們只要有不會的問題，就會一直跑來問我，每次我答不出來的時候都覺得好丟臉喔。從今以後我還是認真讀書學習好了，這樣才能符合同學們的期待。」於是二女兒就在半自願、半被迫下對學習產生興趣。如今重新回想這段往事，仍覺得有趣。

奇幻小說的優點不僅於此。早已習慣閱讀厚重書籍的二女兒，國一時因為對「癌症」倍感好奇，某天竟然從學校借了一本厚到不行的癌症專書回來。我雖然很開心她終於對奇幻小說以外的書籍感興趣，但內心不免還是擔心，如果這本生硬又富含專業術語的書籍，不僅解不開她的好奇，會不會甚至澆熄她對閱讀的熱情呢？

「賢芝，妳借了一本關於癌症的書回來啊？好看嗎？媽覺得妳要不要找一本專門給小學生看的入門書呢？應該會比較有趣喔！這本書有太多專業術語，而且真的太厚了，對妳來說內容可能會太難，要不要把這本書還回去，明天改借別本書回來呢？換一本應該比較能滿足妳對癌症的好奇心喔！」

「不，媽！我的想法和妳不同。我是因為非常好奇癌症是什麼，所以才會想要借書來看，我想找一本盡可能包括癌症所有相關內容的書，厚的書內容才豐富，應該比較能滿足我的好奇心才對，不是嗎？我很喜歡這本書。」

當下我又再一次意識到，原來在養育小孩的過程中，儘管我明白應該追隨孩子的腳步，但我還是會習慣性地想要把孩子局限在我的框架裡，擅自斷定孩子的程度。我也重新體認到，自己應該要相信孩子的能耐才是。

於是，純粹按照自己興趣閱讀、不畏懼書本厚度的二女兒，在順利考上科學高中以後，也對於閱讀厚重的大學教材毫不排斥。要是在她國小時期，我就制止她閱讀奇幻小說的話，我相信一定不會有今天的她。

我們需要不斷擴張自己的框架，隨時準備好包容孩子。我知道這說來簡單，貫徹執行卻很難，所以在這段育兒的道路上，經常讓我感受到父母自己需要有更多成長才行。今天的我，依舊選擇跨出一步，只要一步就足夠。但願能持續拓展自己的框架，並對此樂此不疲，也希望在這之前孩子們都尚未完全長大，好讓我來得及跟上她們。

母親的功課⑧

今天也選擇讓自己幸福

妳今天過得怎麼樣呢？該不會豪氣地決定好要度過嶄新的一天，結果那份心態稍縱即逝，變得意志消沉、有氣無力吧？是不是又被不聽話的孩子、不站在我這邊的老公、不順心的人際關係等，搞得鬱鬱寡歡呢？然而，幸福是可以選擇的。不需要任何理由，只要選擇讓自己幸福即可。

來吧，試著闔上眼睛回想看看，什麼時候會使妳感受到幸福？和先生的初次約會、第一次聽見孩子的心跳聲、在空無一人的家中獨自享受閱讀、誤打誤撞走進一間超美味的餐廳……，試著回想那些瞬間，並將當時的感受填滿全身。妳將不自覺地嘴角上揚，洋溢著幸福微笑。

今天也來練習讓自己幸福吧！

第九章

身處學校，望向未來

當代最大的問題是，人類不曉得自己真正要的是什麼。
長久以來深信不疑的信念，
換個角度來看，也許是自身創傷所在也不一定。

學校教育的缺陷

自某一刻開始，我的周遭興起第四次工業革命的話題，我出於想要仔細了解何謂第四次工業革命的心理，上網搜尋並查到了許多資料。我看到了一部用 3D 技術列印出汽車並進行試駕的影片，看得我瞠目結舌，用機器列印出來的汽車竟然能上路！那個畫面太過衝擊，讓我感覺彷彿只要轉身回頭，遙不可及的新世界就近在眼前，現存職業即將消失一半以上的新時代也近在咫尺，十分真實。

許多專家異口同聲指出，「創意力」是新時代人才最需要具備的能力，但是放眼韓國的學校教育，不僅培養不出創意，甚至還會扼殺創意。

大女兒小一放暑假前夕，曾交過一份「暑假計畫表」（如下頁圖）。由於她不曉得該以何種形式安排呈現，所以將暑假期間自己想做的事情條列式出來，交給老師。

我看著大女兒寫的計劃表忍不住笑了出來，因為寫得實在很童趣，還能從中感受到她對人生第一次的暑假十分期待，設定的目標都是自己真正能夠做到的項目，我也認為這種程度

〈妍秀的暑假計畫表〉

① 跳繩要跳超過三十下！
② 早起去頂樓陽臺！
③ 將頂樓陽臺上的植物特徵記錄下來。
④ 還要去爬山
⑤ 吃完飯要散步！
⑥ 還要去海邊
⑦ 電視看一點點就好！

的計畫應該百分之百能實踐。

但是老師在批改女兒作業時，卻告訴她不可以這樣寫計畫表，應該要畫一個時鐘，把每個時段塞滿行程，和我國小時期畫過的計畫表如出一轍。

我當下心想，「哇，還真沒變，到現在還在要求學生擬定一份根本不會遵守的計畫表，老師也明知孩子們不可能遵守，卻還是要求他們做這種表。」

還有一次是大女兒國中的時候。

「媽，我好難過！老師扣了我一題申論題，那題我明明有答對，老師卻說過程也要寫對才行，所以扣了幾分，不算全對。」

「是因為解題過程不對嗎？」

「不是，媽，我有去找老師說明我解題的邏輯和過程，但是老師竟然說，是因為我沒有按照他教的方式解題，所以要被扣分，哪有這樣的？解題又不是只有一種方法，用我的方式同樣能解得出來啊，到底為什麼一定要按照老師的方法解題？好不合理喔！」

原來是因為〈先行學習禁止法〉通過後，為了防止學生透過補習提前學習，所以會要求學生們按照老師上課教導的解題方式解題，才算答對。假如考前就先講好遊戲規則，我相信女兒也會按規則來作答，但是聽女兒這麼一說，我也同樣為她抱屈，因為大女兒並非利用先行教育習得的方式來解題，她不僅沒有補習，還自己摸索出更多有創意的解題方法；然而，老師卻以「沒有按照上課所教的方式作答」為由扣掉部分分數，這樣的處理方式也使我難以認同。畢竟當初會納入申論題題型的用意，不就是希望學生不要死記答案，要培養解決問題的創意能力嗎？卻因為新制上路（先行學習禁止法）而產生像我女兒這種無辜受害者。

校方為了跟上創意力與合作力的新時代，往往會做各式各樣的嘗試，卻總是給人本末倒置的感覺。最具代表性的就是「分組作業」，學校老師出的分組作業通常要求每一位組員都必須參與，但實際上許多學生都會以補習為由，經常無法出席組內討論，到後來演變成名義上是分組作業，實則都是由少數同學完成。

實際上，我們家的三個孩子就是在分組作業上吃足了苦頭。負責找資料的同學明明說好會把找到的資料上傳到社群平臺，卻在作業繳交截止日前兩天人間蒸發、音訊全無，儘管聯絡提醒對方多次，也只得到「去奶奶家」、「在補習班」、「在外面，回去會再上傳」等口頭承諾，遲遲看不到資料，直到交作業前一天，對方才告知資料消失不見，於是女兒們只好熬夜完成作業。這樣的情形早已不是第一次。

更令人無法接受的是老師不知變通的態度——作業不能由一個人單獨完成，並且認為組長應該負起全部責任。三個孩子看著不論打多少通電話、傳多少簡訊、退而求其次希望至少能在學校討論也完全不理會的同學，早已被折磨得心力交瘁，沒想到連老師都不明就理，只強調分組作業應由全員一同努力，組長的責任也包括這些居中協調等等，把過度的責任強加在組長身上，使孩子們再次感到身心俱疲。

我有名友人的孩子，原本具有傑出才華和實力，卻因總是刻意將他排除在得獎圈外的老師，而度過了一段轟轟烈烈的青春期。後來家長向學校抗議，竟還得到「學生程度已超出作業要求程度」的莫名回覆。每當孩子們遇到這種事情時，都會讓我陷入沉思，不曉得究竟把孩子託付給學校教育是不是明智之舉。

最令人難過的是，隨著這種事情層出不窮，原本散發光芒的孩子逐漸變得黯淡無力，也不再嘗試創意或投入努力，他們的能力進而愈漸褪色。每當我親眼目睹因學校規範而消磨熱情、浪費許多精力的孩子，不得不按照老師指定的答案作答、不再願意做新的嘗試時，都會感到十分惋惜。眼睜睜看著孩子一點一滴消失熱忱與活力，無疑是最令人痛心又鬱悶的事。

當然，我們也有其他方法，例如改送代案學校（採用體制外教育的學校）、在家自學或早期留學等，但我左思右想，都認為自己負擔不起這些方法，每次只能暗自祈禱可以盡快度過這樣的消耗期。

儘管如此，還是要相信學校教育

學校教育的問題，其實不僅限於從第一名排到最後一名的教育觀、主導這種體系的師資，個人認為更重視補習班教育勝過學校教育的家長也應該負一半的責任。假如父母平日展現出來的態度是以學校教育為優先，孩子自然會更重視學校教育，參與度也會提高。

多數父母都會讓孩子接受十二年義務教育，既然決定送孩子上學，那麼就應該將學校教育視為第一優先。假如你不打算撤除公立教育、尋找其他替代方案，那麼學齡期的兒童教育核心應該要放在學校才是，因為公立教育旨在培育國家棟樑，會提供許多機會和挑戰。

小女兒小五時，曾代表學校參加過「學生成長故事作品大會」，這個比賽要學生描繪其夢想與未來出路藍圖，把主動參與的成果收錄在一本文件夾裡，遞交給主辦單位。她藉由這場比賽，認真規劃原本毫無頭緒的未來，重新檢視自己，並設定自己要體驗哪些事物，藉此實現設定的夢想，相當於獲得一次主動探索自我的寶貴經驗。

二女兒也是在小五時，參加校內舉辦的數學思考力考試。原本從來不讀書的她，突然開始瘋狂解題，連續三天寫習題到凌晨十二點，讓我不禁納悶，「這孩子是不是吃錯藥了？」後來我才知道，原來是因為老師當時提出一項可愛的懲罰，只要沒超過六十分的同學，就要留校繼續學習。（得知此事以後我笑了許久，雖然自動自發、享受學習是最好的，但我發現孩子偶爾被威脅利誘，同樣也有不錯的學習成果。）

後來在那場考試中，拿到不錯成績的二女兒，直接成為班上的新寵兒，因為每到考試期間，同學們一定會圍著她問問題，而這也成了前述提過的，使她開始對讀書感興趣的契機，著實是一件幸運又值得心懷感恩的事情。

大女兒同樣是在國小時期利用課後在電腦教室學習，考到 Power Point 等各種電腦軟體相關證照。她升上國中以後，利用 Power Point 製作簡報、上臺報告，在課堂上發揮所長，得到老師的稱讚與認可，還當眾表揚：「這是我看過最棒的簡報」。

我們家三個孩子都是透過學校教育，才得以進行寫日記、寫讀書心得、提交各種主題的學校作業、擔任全校會長或參加班長競選、加入學校廣播社團等豐富活動，除此之外，也代表學校參加國際科學奧林匹亞競賽、生物多樣性寫作大會、科學探討大會等，從備賽開始到比賽結束，累積了許多珍貴無比的經歷；不僅如此，放學後練習鋼琴、伽倻琴並參加比賽，又讓她們累積了不同的實戰經驗；後來透過準備英才教育院的申請，年紀輕輕就體驗到如何撰寫自我介紹書、通過層層關卡，好不容易順利錄取，更獲得不同於一般學校的成長體驗。

我對於小女兒說過的話仍記憶猶新。

「媽，妳知道學校課程和英才教育院課程兩者最大的差別在哪嗎？」

「這個嘛……我不太清楚呢。」

「英才教育院會一直不斷問妳為什麼，老師會問這次的實驗結果為什麼是這樣，並請學生思考原因與過程；倘若實驗結果出現錯誤，會連同出錯的理由也要我們自行回去思考。但學校課程就不是這回事了，假如我問老師這個實驗為什麼會得出這樣的結果，老師就會叫我把結果背起來就好。相較於學校課程，在英才教育院裡所學的，反而能讓我記得比較久。」

然而，假如孩子們之前沒有接受公立教育，一定也很難累積那些比賽與實戰的經驗。隨著年齡愈來愈大，如果不專注於學校生活，而是將時間用來學習、消化其他事物，那絕對是在浪費體力、時間、精力和效率。個人認為至少到國小為止，學習的重心應該還是要放在學校才行。學校是值得放心託付寶貝子女的優秀教育機構。

只不過有一點要切記，學校難以培養的「創意力」——第四次工業革命時代最要求的人才條件——一定要由父母多花心思培養。

教育熱的陽光面與陰暗面

其實在韓國，鮮少有父母重視成績與學習的同時，也操心孩子的創意力，為什麼會這樣呢？個人認為主要歸因於韓國社會普遍擁抱的一種殊榮（但那份殊榮亦是傷痛），也就是崇尚學歷衍生出來的「教育熱」。我們因這股強烈的教育熱創下了史無前例的「漢江奇蹟」[12]，但是燦爛的奇蹟背後，往往也存有黑暗的傷痛。

我們上一代的父母是靠著賣地、賣牛、賣房子來籌出讓孩子讀書的錢，他們犧牲自我，一心只希望孩子可以過上舒服的好日子，不要像他們一樣從事體力工作，但是身為子女的立場又是如何呢？看著家裡省吃儉用只為供自己上學，會有何感受及想法呢？會不會有必須一肩扛起整個家的責任感、壓力，以及對父母的罪惡感？假如能按照父母的心願功成名就的話，還能有所交代、皆大歡喜，但要是沒能符合父母的期待，讓他們期望落空的話，想必又會陷入另一種罪惡感、挫折感、無力感和自我貶低感當中，把自己折磨得痛苦不堪。

是故，學生時期很會讀書、享有許多資源的父母，會期許下一代也要和自己一樣出人頭地而強迫子女認真學習；反之，過去不認真讀書或不擅長讀書的父母，則會將今日的苦怪罪於當年沒有好好讀書，並希望子女不要重蹈覆轍自己的錯誤，無論如何都要認真讀書、過好日子。

我們接受著代代傳承下來的「萬般皆下品，唯有讀書高」的觀念。儘管知名未來學者提出建言，「韓國學生每天浪費十五小時在學校和補習班上，只為了未來根本不需要的知識以及根本不存在的職業」，我們也只是左耳進右耳出罷了。

即使許多人不斷強調，第四次工業革命時代裡，人類絕對敵不過人工智慧累積的龐大知識，到時候著重的人才特質反而是人工智慧難以習得的創意、共感能力以及玩樂的力量，可是當今父母的選擇依然是：補習班、讀書、學歷。

史丹佛大學教授保羅．金（Paul Kim）因發表未來教育相關研究而一夕暴紅。他曾分享了一則軼事——前來聽他演講的許多家長，往往都是聚精會神、頻頻點頭地仔細聆聽，但每當演講結束還是會問他：「請問要怎麼做才能讓我的小孩像您一樣上史丹佛大學？」

這就是我們最真實的現況。

焦慮不安會代代相傳

某天演講結束，我才剛走下講臺，一名母親就湊過來詢問：「孩子不寫學校作業，到底

⑫ 狹義上指的是一九五三至一九九六年間韓國首都漢城（現更名為首爾）經濟的迅速發展現象。因漢江貫穿漢城市中心，將漢城分為江南和江北，故以漢江代稱。

該怎麼辦？」我和她聊了一下，才發現其實孩子不是不寫作業，而是經常拖到睡前，或是趁早上時間趕作業，所以讓她十分困擾。雖然這個孩子的確有待改進之處，但畢竟還是有把作業寫完，母親的操心就反而顯得有些過度。

當時我有預感，這位母親一定是有過關於作業的創傷。果然，她語帶哽咽地訴說因功課不好而經常遭受父母言語攻擊和體罰的學生時期，父母也時常拿她和功課好的兄弟姐妹做比較，受盡了各種差別待遇。然而，這些難過的經驗卻沒能在當時向父母傾訴，而是多年來守口如瓶、深埋於心，成了折磨自己和下一代的傷痕。

每個人的內在其實都住著一個小孩，一直擁抱著兒時受過的傷。那些未能完全癒合的傷口會使情感僵化，即便長大成人也會時不時出現，反覆留下傷痕，使自己生氣、孤單、悲傷、無力、錯愕、挫折，而且往往是下意識重複上演。心理學上稱為「內在小孩」。

令人惋惜的是，大部分受傷的內在小孩都是代代相傳的。像我曾經遇過一名母親，每次只要聽見孩子打噴嚏、流鼻水，心中就會燃起一把無名火，變得特別情緒化，家人當中也只有她對孩子的健康問題非常執著，孩子們也很清楚母親這點，所以儘管只是咳嗽、腹瀉等小問題，都會選擇隱瞞，一方面是不希望母親擔心，另一方面是不想看到母親用激動的嗓音和表情責怪他們。直到已經腹瀉多日的孩子無法再隱瞞身體情況，只好向母親坦承自己生病了，聽聞此事的母親，又再度氣急敗壞地責備孩子為什麼拖到現在才說、為什麼不早點治療，孩子則以「誰叫妳每次都是這種反應」來回應。

我和這名母親聊了一下，發現應該是因為她小時候長年身體不適，所以過度強迫自己「無論如何都不可以生病」，導致她成長過程中一直有著疑病症[13]的陰影，加上第一胎不幸流產，使她的疑病症加劇。當時的打擊、悲傷與失去等情感都未能被妥善處理消化，以至於對後來出生的孩子過度保護，過分執著於身體健康問題，不知不覺中，把自己對健康的隱憂又傳給了下一代。

根據我的經驗，我們的童年傷痛不會輕易消失，就算已經長大成人，只要內心受到的傷沒有充分消化，那道傷痕依然會愈裂愈深，引發問題。

⑬ 疑病症（Hypochondriasis），指對自身的身體狀況做出過度憂慮的解釋，堅信自己已經患有或即將罹患某種病症。

孩子即將面臨的未來與父母的焦慮不安

一場人工智慧與人類的對決——圍棋九段棋士李世乭與Google所開發的AlphaGo對弈——曾在全球造成轟動。人工智慧取代人類的時代是否已經來臨、幾年內會消失的職業有哪些、哪些職業會成為新興職業等，成了媒體熱烈討論的議題。專家和名嘴們也搭上這波話題，紛紛對韓國的教育現況展開批判，點出學生們至今的學習方式——將教科書內容充分理解並熟記——在未來人工智慧時代裡不再適用。

「未來世界重視的是用自己的方式接受、解讀知識，並用創意解決問題。與其和機器展開對決，不如培養人類特有的社會能力，亦即『共感力』；因此能夠自然引領出這些特質的『遊戲』，就變得格外重要。在比起分工更重視合作的時代裡，為了能夠找到新職位，需要具備用好點子解決問題的創意力，以及能夠說服他人、與他人協商、解決糾紛的共感力，這兩點將是人類最強而有力的競爭力。除此之外，透過玩樂自然產生的想像力、創意力、思考力、合作力、歡樂，都將是未來不可或缺的力量。」

然而，一旦孩子們承襲了父母對學習的匱乏與傷痛，不論世界怎麼改變，也難以適應新時代。因為就如同佛洛伊德所言，「人類行為是受潛意識支配」。因讀書學習而受過傷的父母，其內在小孩會在萬分之一秒內從潛意識裡冒出，向自己的下一代強調讀書何其重要，並用「我吃的鹽比你吃過的米還多，所以更了解人生是怎麼一回事」、「你就乖乖照我的意思走吧」這種話逼迫孩子接受先行學習，並將其推入競爭當中。

儘管知名思想家哈拉瑞（Yuval Noah Harari）已指出，在第四次工業革命時代裡，最大的問題是「人類根本不了解自己要什麼」，我們的孩子依然沒有時間關注自己。

就算長大成人了，我們仍經常因為自身缺陷與狹隘偏見而做出許多錯誤判斷。

「讀好書才能上好大學，上了好大學才能找到好工作。」——果真如此嗎？

「早睡早起才健康。」——真相信這種話嗎？

「一分耕耘，一分收穫。」——真心這麼認為嗎？

「懂得忍耐，將來就會成功。」——真有這種事嗎？

一般來說，把書讀好的確能提高上知名大學、找到一份好工作的機會；太晚睡或睡眠不足也的確容易生病；付出多少努力也會得到多少收穫；有時忍耐會有好處。但是人生充斥著例外與變數，如果認為自己的信念才是真的，進而墨守成規、不知變通，人生可能會過得沉重又痛苦。

不僅如此，假如遇見理念不合的人，很容易對自己的人生產生懷疑、徬徨無助，或者對那些輕而易舉享盡好處的人感到嫉妒、指責、猜忌，無法做出正常判斷。因此長久以來深信不疑的信念，換個角度來看，也許是自身創傷所在也不一定。

從孩子開始上幼稚園到青春期結束為止這段期間，父母要自行尋找內在小孩，直視傷痛，並且哀悼那些悲傷才行，因為父母的焦慮不安會傳承給下一代，假如沒有察覺受傷的內在小孩，就很容易把責任怪罪在孩子身上，認為都是因為孩子沒做好、因為孩子表現不好所以自己才會如此生氣、自己是出於為孩子好才會說出批評的話語，但事實上並非如此。

有一句非洲諺語說：「養一個孩子，要用全村的力量。」在每年生育率下降、資源稀少的韓國，孩子即是未來，全體國民應該團結一心好好養育孩子，以及建立完善的社會系統以支撐個人不足之處。

最重要的是，父母要時常仔細窺探自己的內心，這才是面對未來最好的處方。

母親的功課 ⑨

試著主動向自己的身體搭話並道謝

妳有多愛自己、多麼寶貝自己呢？活到至今，是否對自己的身體表達過感謝之情呢？就趁今天，試著向自己的身體搭話並道謝吧。

妳可以撫摸自己的雙腿向它們致謝：「謝謝你帶我上山下海，帶我到所有想去的地方。」再撫摸自己的腹部向它致謝：「謝謝你幫我懷胎十月，讓我得到最寶貝的孩子。」然後再用雙手包覆頸部，對喉嚨說：「幸虧有你，我才能說話、哼歌、吃美食、與人交流。」像這樣將手放在自己全身各個部位，一一道謝，也許說著說著，妳會忍不住潸然淚下，那就放心哭吧，沒有關係，因為會哭就表示妳正和靈魂對話。

第十章

遇見鏡子裡真正的自己

我原以為是父母養育小孩，但是到頭來才發現，原來在養育他們的歲月裡，自己可以學到的更多，而有所成長的我，又影響了他們的長成。

檢視自身內心的時機點

養育三名子女的過程中，我一直都將崔喜壽老師（Purumi 爸爸）視為心靈導師，他是創建 Purumi.com 親子教養網站的創辦人，也是出版過多本教養暢銷書的作者。我認識這位老師已經十七年了，在過去這段歲月裡，不只是育兒時的煩惱，每當生活過得不如意、快喘不過氣時，我總是會去聽這位老師的演講，聆聽他的人生智慧、安慰與鼓勵。

那天是家裡經濟出問題後，久違地去聽了老師的演講。演講結束後，老師只是問了我：「最近還好嗎？」就讓我當場淚流滿面。那天和老師道別時，他送了我一句話。

「妳已經走投無路，該好好檢視一下自己的內心了。」

二十年來，出版多本教養書、四處演講、見過多位家長的崔喜壽老師，某天心中出現了一個疑問：「為什麼有些媽媽養育小孩得心應手，有些媽媽卻覺得困難棘手呢？」為了解開這個疑惑，他閱讀了大量的心理書籍，並與講座現場遇見的媽媽們交談，深刻認識到人類的內在世界。也因此他所創建的 Purumi.com 網站平臺，不僅刊載豐富多元的育兒方法，也提供母親治療內在傷痛的方式。

當時的我，光是承受先生頻頻經商失敗，以及自己的健康反覆亮紅燈，就已經自顧不暇，還能把孩子養好已經用盡我全力了，所以不免懷疑媽媽的內在成長是否真的有其必要性。花時間去檢視內在，對於當時的我來說，根本是一件奢侈的事。但是那天被老師這麼一說，我將之聽進耳裡也放進了心裡。

自從婚後生了三名女兒，我一直都非常認真過生活。為了讓三個寶貝女兒都能過上更好的日子，只要是我能力範圍內，都會盡可能提供最好的給她們。雖然過程中難免會有失誤、犯錯、繞遠路等，但是令人欣慰的是，孩子們都發展得很好，以至於許多人都好奇我的教養方式。

然而與此同時，我愈來愈疲憊不堪。我一直都告訴自己，只要再撐一下就好，但是終究沒能盼到那一天的到來。儘管老師曾經說過，「不要從外部尋找原因，要從內在尋找答案」，但我就是一直聽不進這句話。

直到某天，我突然產生了這個念頭：「至今為止，我已用盡我所能使用的方法，假如又遇到瓶頸，那麼是不是該來試試新方法了？」

於是，檢視內心的旅程從此展開。雖然過程中會感到疼痛、茫然、失落，但也替自己開啟了新世界。自從看見讓我如此疲憊、痛苦、難受的根源之後，我不僅更加了解自己，也變得能夠看見他人——和我最親近的他人，正是我的三個寶貝女兒。

人到中年，容易出現所謂的「空巢症候群」（Empty nest syndrome），是指父母因子女長大離家（通常是子女上大學）而鬱鬱寡歡，感到空虛、無力、強烈失落感等。投入大量時間在孩子身上的母親經常有此症狀，尤其「全神貫注」在子女教育上的母親會更嚴重。

首爾國立大學精神健康醫學系尹大紘教授建議，為了順利克服空巢症候群，不妨趁早練習與子女保持心理上的距離，並將時間與精力以五比三比二的比例，分別投資在自己、子女和先生身上。

當然，要用多少時間與精力去照顧自己與身邊的人，自然是因人而異，但是身為母親，必須先具備「沒有自我的人生，對小孩及家人來說，都是危險的事情」這樣的認知——因為犧牲「自我」的人生，一定會期待或要求有相對應的「補償」，而當那份期待落空時，就會將其怪罪到對方頭上。況且，一直過著沒有「自我」的父母，也會潛移默化地影響孩子，長大的孩子也有很大機率和父母一樣，過著沒有「自我」的人生。當孩子準備邁入青春期時，父母就要懂得覺察自己的內心世界，透過那些檢視自我的時間拓展自己的框架，才有辦法使自己和孩子都有所成長。

孩子難過才有反應的媽媽

一個開學日早晨，她們留下散落一地的獎狀，收拾好書包便去了學校。我看著那疊未被妥善對待的獎狀哭笑不得，不過一直以來，我對她們的獎狀沒有賦予太多意義，所以也沒想太多就完全忽略這件事（那疊獎狀就散落在房間地板上好幾天）。

那段期間，我正好決心面對兒時母親對我造成的傷害，為了擺脫對父母的罪惡感，真心愛他們也愛我自己，投入了不少努力。我心想，與其獨自忍受母親在我心中留下的傷痕，不如親自詢問她當時為什麼要對我動手，讓我承受那些言語和肢體暴力。我會努力保持情緒平穩，維持淡定，並嘗試妥善表達早已傷痕累累的內心。我也下定決心，從此不再做一些討好他們的言行，也不想再隱藏自己的真實想法、情感、痛苦和困難。與此同時，我還要一邊排解自己內心的罪惡感。

於是某天我終於鼓起勇氣，拿起話筒打給母親。原本打算和她輕鬆閒聊，但一股激動情緒卻突然湧上心頭，不論我多麼努力克制還是不見效果，眼淚忍不住潰堤。也許是因為女兒難得打來，卻一句話也沒說劈頭就哭的關係，母親一開始很擔心的詢問我：「是不是發生了什麼事？還好嗎？」奇怪的是，我什麼話都說不出口，只能不停掉眼淚。最終，母親因為問不出原因而開始惱羞成怒，用激動的嗓音不斷強調自己為了拉拔我長大吃了多少苦、自己沒任何對不起我的地方等激烈言語。

我的母親其實是家喻戶曉、人盡皆知的好媳婦，遇見任何鄰居長輩就會謙和有禮地鞠躬問好，一天可以彎腰鞠躬好幾回；有人感到胃脹氣、難以消化的時候，也會不分晝夜地跑來尋求母親的幫忙，請她扎針放血（傳統民俗療法）。長輩們都會在我面前大方稱讚母親：「妳媽真是個大好人」。

但是，當母親對於維持好人的人設感到疲倦時，只要因各種原因倍感壓力的日子，她就會趁四下無人，將鐵門拉下、大門上鎖，把我關在小房間裡，用藤條修理我。就算藤條打到斷掉，還會繼續用手和腳打我、踹我，拉著我的頭髮去撞牆，用充滿怨恨的嗓音怒吼：「今天就妳死、我死，我們一起死吧！」現在想想，或許當時母親是藉由毆打我來洩憤，然而這對於年幼的我來說，無疑是巨大的心理創傷。每次被母親毒打後，害怕、孤單、疼痛、恐懼總是緊緊跟隨我好一陣子。

明明是讓我內心留下嚴重陰影的母親，但是透過那通電話，我反而可以理解她了。諷刺的是，當我聽著母親歇斯底里地喊著自己沒有做錯任何事、沒有對不起我的地方時，我發現原來那就是母親能夠想到的最佳方法。母親盡她所能地愛我，儘管那是會對我造成傷害、最粗糙又粗魯的方式，那也是她個人能力範圍內能夠想到的最佳方法。從此，我才終於能放下母親在我心中留下的傷痕，以及對她的依賴。

在我認為對母親的怨恨已經整理完畢後，我呆坐在椅子上，試圖回想與母親的幸福片段。「我是在什麼時候感受到和母親在一起很溫暖、很幸福的呢？」我用手指數著每一個幸福片段，視線無意間停留在散落一地的獎狀上，瞬間千頭萬緒湧上，哭到泣不成聲。

我發現到的驚人事實是，原來每個讓我感受到母愛、幸福的瞬間，統統都是在我最難過的時候。國小時，我曾因結核病而住院接受治療，當時照顧我的母親總是面帶微笑，對我提出的要求也有求必應，至今我還清楚記得，我總是與母親手牽手走上那間斜坡上的醫院；還有一次是剛升國中時，分班考試的前一天，我因為害怕面對新環境，以及對考試結果感到憂慮不安，因此放聲大哭，但是原本只會打罵我的母親，那天一反常態用天使般的面孔親切地安慰我，告訴我：「一切都會順利，就算考最後一名也無所謂。」像這樣一點一滴找回過往幸福記憶之後，我才終於注意到，原來母親在我滿心歡喜時總是面無表情、沒有反應，唯有在我傷心難過時，才會擔心地看顧我、安慰我。當我注意到這點時，孩子們散落一地的獎狀才映入我眼簾。

「天啊，原來我也在無意間和母親一樣，在孩子們開心時沒有任何反應，只有在孩子們表示辛苦、疼痛、束手無策、悲傷時才會回到她們身邊，用無限的包容陪伴在側。原來在我們家裡，『成長進步』並不是一件值得快樂與慶祝的事情，而被視為區區一張紙而已。」

當我領略到此事的瞬間，心痛到呼吸困難。我暗自下定決心，從今以後孩子們開心時，我一定也要和她們一起享受喜悅，儘管只是微不足道的小確幸或小小成就，也一定要用盡所有力氣為她們拍手喝采。

父母相信孩子多少孩子就會成長多少

當大女兒滿心期待地對我說，她這次又拿到全校第一名時，我因為不曉得該做何反應，所以與她四目相望了好一陣子。

當初大女兒對我哭著說想放棄課業時，我心想：「感謝孩子是在我身邊時經歷這種成長痛，我會永遠支持妳。」但是這樣的決心似乎只停留在大腦，沒有深化到內心，所以我還是經常感到掙扎煎熬。尤其在期中考期間，不想準備考試的大女兒，整日埋首在漫畫書堆裡，或是寫小說、看電影、打混摸魚，而我只能心急如焚地看著這樣的她。連二女兒都看不下去，跑來對我說：「媽，是不是該叫大姊去讀書了？」

但是沒想到也是那次考試，大女兒又拿到全校第一名回來，所有科目中只錯了一題，這完全不符合一般常理，我實在不曉得該如何去理解。

她那天說：「我一直都很相信自己，可是看來妳並沒有相信我。我只要看到妳那雙不相信我的眼神，就會讓我開始焦慮。」當下我真的愣住了，完全沒讀書卻得到這樣亮眼的成績著實值得稱讚，可是我也不知道為什麼，就是一點也開心不起來。

「怎麼會這樣？這樣真的可以嗎？這樣叫那些認真準備考試很久的同學情何以堪？這世界是公平的嗎？應該是付出多少努力就能得到多少回報才對呀！假如其他同學聽到有人都沒準備，還能考全校第一，一定會嘔死！」

瞬間，我反而是對「不費吹灰之力就獲得成就」這點產生了難以言喻的情緒，而不是替我的寶貝女兒感到喜悅，接下來浮現的念頭則是「這樣真的好嗎？都沒讀書卻還是能獲得好成績，那以後會不會也繼續不讀書了呢？這次可能只是運氣好，要是養成這樣的習慣，之後一定會一落千丈。真是的，這次應該讓她嘗到失敗的滋味才對啊，怎麼會這樣呢？」

正因諸如此類的想法盤踞腦海，導致我第一時間完全反應不過來，實在不曉得該開心還是難過、該嘮叨還是警告，如此複雜的心情使我與孩子相對無言，但是孩子在那短短幾秒鐘內，竟已讀到我的真實心聲。

「我只要看到妳那雙不相信我的眼神，就會讓我開始焦慮。」我萬萬沒想到大女兒竟然會說出這種話，可見孩子面對無法為她喝采的母親，心情也是很複雜。說到底，其實那是我個人的不安情緒，也是我個人覺得「很嘔」。無意間，我也和自己的爸媽一樣，凡事都先從負面而非正面看起、總是對子女過度操心。

孩子們會透過全身感官讀懂母親的內心。當時我才領悟到「父母相信孩子多少，他們就會成長多少」的事實，與此同時，我也體認到父母真的要先相信自己、愛自己，那份情感和力量才能傳遞給孩子。最終，我是藉由一次又一次的椎心之痛，才發現原來是因為自己的焦慮不安尚未排解，內在的委屈也還沒解決，所以總是對孩子不放心。

愛自己也愛孩子的方法

曾有一次在高速公路上遇見滂沱大雨。那場雨下得又大又急，就算雨刷已經開到最快，也趕不上雨滴落下的速度，眼前的世界瞬間溶解。身處前方視線一片模糊的車子裡，加上行駛在高速公路上，無法暫停在路邊，只能硬著頭皮繼續向前開，簡直恐怖至極。當時我不禁心想，「假如我看待世界的視線也被一層黑幕遮擋，人生應該會變得極度憂慮又不安，也會無比煎熬吧。」

假如有人經過我身邊多看了我一眼，我就心想：「那個人幹嘛看我？我的臉上有沾到什麼東西嗎？我今天穿得很奇怪嗎？我有做錯什麼事嗎？」腦中充斥著各種不安、擔憂與負面想法，宛如那場滂沱大雨一樣將我淹沒，也會變得對世界、所有人都戒慎恐懼，那樣的人生可想而知會有多辛苦、多痛苦、多令人厭倦了。

都說父母是孩子的鏡子，倘若父母可以將自己觀看世界的標準和框架無限拓展、溫暖看待，那麼孩子們也會在如此寬廣的框架中，感受無限可能、祝福和感謝，並體驗諸多幸福的瞬間。**我相信父母能打破多少框架，孩子的人生就能獲得多少自由和活力。**

等孩子開始進入學校生活以後（尤其是進入青春期），父母就需要回過頭來審視自己的內在，那是愛自己也是愛孩子的方法。真正的愛是從了解出發，我在什麼時候感受何種情感、為什麼會那樣想、為什麼展現那種反應、我喜歡什麼、做什麼事情感到開心等，都要一一去重新了解。孩子們的成長會使父母也連帶成長，提醒父母不要只停留在原地，一定要更愛自己。

我們不會因為一個與自己毫不相干的人而受傷，人生中最讓人難以釋懷的內心傷痛，往往都是被我們所相信、依賴、付出過真心的人傷害，因此最令人惋惜的是，世上最愛我們的父母，往往在給予我們愛的同時也給予了我們難以釋懷的傷痛，而我們也很容易在不知不覺間，將這份傷痛傳承給自己疼愛不已的下一代。

人心無法套用數學公式，所以並不會因為從父母那裡得到的愛與痛相等，抑或是從未感受過愛也不會有傷害，就能夠把對他們的感情整理得一乾二淨。我們接受過的每一份愛都會被儲存在潛意識裡，轉變成感恩、感動與幸福；體會過的每一份傷害則會演變成不信任、傷痛、孤單、怨恨、厭惡。因此我們要多體驗愛、喜悅、幸福才行。

尤其小孩從剛出生到三歲前，之所以被專家視為「育兒關鍵期」，就是因為孩子在這段時期經歷的一切，都會被記憶成「愉悅」與「不悅」的情感。「愉悅」經驗較豐富的孩子，隨著年齡逐漸增長，也會繼續追求愉悅情感；「不悅」經驗較多的孩子，則會像飛蛾撲火一樣，在人生中不斷把自己推往不幸的火坑。不過也不必太過擔心，三歲前的經驗並不會完全決定一個人的人生方向，許多研究結果顯示，只要在往後的人生中多累積正面經驗，就能夠充分改變人生方向。

只不過，兒時經歷的內心傷痛威力強大，不僅會儲存成身體記憶，深埋在隱密的內心角落，有時還會無聲無息地躲藏在我們的潛意識裡，長大以後仍不定時浮現，所以人生終究還是需要認真仔細檢視自己一回。

假如你的內心裡住著一名因成績不好老是被比較的小孩，那麼你就很可能會對孩子的學業有所要求；假如是住著一名因家境不好而生活艱苦的小孩，那麼你很可能變成一心想著賺錢，孩子真正需要你時，反而沒辦法給予陪伴。於是就在不知不覺的情況下，再度培養出對討厭讀書的孩子，以及對金錢抱持負面看法的孩子——也就是和自己有著同樣創傷的下一代。因此我們有必要好好哀悼，並治癒這些內在創傷。

展開接納自己的內在之旅

心理學將哀傷分為五個階段（Five Stages of Grief）：否定、憤怒、討價還價、沮喪、接納。通常面臨愛人逝世或經歷離別時，都會經過這五個階段。在我看來，與受傷的內在小孩道別時，同樣也會通過這段過程。

首先，會先經歷對內在傷痛的否定期。「最疼愛我的父母不可能讓我內心受傷，他們為了我吃了那麼多苦，一定是愛我的，我是備受疼愛長大的。」

接下來是憤怒期。「他們怎麼能這樣毆打我、對我口出惡言呢？這樣的行徑能叫做愛嗎？打我、罵我，都是出於愛？這像話嗎？太擔心我所以才出此下策，真的說得過去嗎？到底為什麼要這樣對待我？為什麼？」

再來是討價還價期。「算了，那就是他們愛我的方式，也是他們能做的最大努力，畢竟當時那個年代大家都是這樣教小孩，根本不曉得那樣做是不對的，父母毫無概念才會選擇用那樣的方式。」

然後進入下一個步驟，沉浸在沮喪與憂鬱的情緒當中，為受傷的自己不停流淚；最後則是接納當年那個受傷的自己，以及同時給予愛與傷害的父母，到了這個階段，就能擺脫過度的罪惡感，完全接納現在的自己和父母。

自己的內在小孩受傷了，會在不知不覺間影響下一代的成長。因此為了孩子，也是為了自己，我們都需要靜下心來回頭洞察內在。了解自我，其實就是了解他人，進而了解這個世界。藉此我們可以重新看見過去一直想隱藏的部分，打破對父母的過度崇拜，將壓抑已久的內在小孩所受的傷展現出來，我們就得以重生。

我每次演講時，都會收到臺下聽眾表示：「我根本不清楚自己的內心」，這是典型壓抑自我已久的人會有的特質，總覺得心情很差、不太舒服、憂鬱沮喪，但不確定自己究竟在什麼狀態，意味著過去一直都忽略自己的感受和需求。

但是無所謂，只要多練習便能覺察。就像蘇格拉底的反詰法一樣，對自己打破砂鍋問到底就可以。假如感到執行上有困難，一開始不妨先用書寫的方式問自己，等熟悉方法以後再於心中自問自答，相信很快就能察覺自身情感。

以我個人為例，情況是「和小女兒吵架了。我對於她說的這句話：『我現在會變成這樣，都是媽媽妳害的！』感到十分生氣。」

自問：為什麼那麼生氣？

自答：我好委屈！太委屈了！

自問：為什麼這麼委屈？

自答：不知道，就是覺得非常委屈！好委屈！

自問：來，先稍微冷靜思考一下，到底為什麼委屈，說說看妳的理由吧。

自答：我也知道她為什麼會不開心，但是沒辦法，事實就是老公經商失敗三次，我身上沒錢，不可能答應她提出的每一項要求。並不是我不想，是真的做不到！

自問：原來如此，的確是滿委屈的，然後呢？還有什麼原因使妳感到委屈？

自答：我已經做了所有我能做的！明明是老公的錯，為什麼要我負責？到底為什麼？（瞬間眼淚潰堤）……到底為什麼？我媽也說是我害的？為什麼每個人都說是我害他們的？我沒做錯任何事，為什麼要對我咆哮、謾罵，把罪怪到我頭上？為什麼要對我說「只要妳死掉就沒事了」？我到底做錯了什麼事需要我去死？實在太委屈了！我沒做錯任何事！一點錯都沒有！

像這樣自問自答一段時間以後，一開始的制式化回答，到了某個瞬間就會遇見在內小孩，身體也會出現反應，不論是眼角泛淚，還是呼吸困難，抑或是心臟感受到刺痛等，那些都是過去自己無處宣洩、過度壓抑導致變成身體記憶的情感。假如能將這樣的情感體驗引出來，好好去感受並經歷的話，傷痛就會得以排解。比較不嚴重的傷痛也許透過一、兩次的面對或自覺就能夠緩解，比較深刻的傷痛則可能需要經過多次的哀悼才有辦法治癒，人生才能如釋重負。

了解自我的兩條路

了解自我有兩條路，一條路是透過「傷痕」，另一條路則是透過「愛自己」去了解。前者是將自己的傷痛、難過、憤怒等負面情感和經驗挖掘出來，重新直視當時的感受，並將其順利送走；後者是藉由自己的喜悅、歡樂、想做的事情等，認識自我、了解自我。

我們不必特地尋找傷痕，假如和孩子們相處時，自己也不曉得為什麼，有些事情就是很容易激怒你，或者使你的情緒久久難以平復，很可能就是觸碰到你的內心傷痕，所以和孩子相處時，只要把自己容易動怒的時機記錄下來，就能很容易找到自己的內心傷痕所在。

找到之後只要跟著激動的情緒走，然後反問自己：「為什麼偏偏在這個點上忍無可忍？」，這樣便能發現第一層理由：「因為孩子把家裡弄得亂七八糟」之下，還隱藏著「自己小時候因為把家裡弄亂被責罵」的受傷小孩；或者當你發現每當小孩頂嘴，自己就會難忍內心怒火的話，再深入探究就會看見過去那個「無法向大人頂嘴、過度壓抑」的受傷小孩。

大部分人在自覺到內在小孩的瞬間，都不免潸然淚下，這些眼淚是過去未能盡情宣洩的眼淚，這便是解決問題與治癒自己的開端。

兩個截然不同、各自占據極端的現象，極可能都指向同一個事實，就如同渴望愛的人不是變成花花公子，就是變成一輩子不相信愛情、寧願保持單身的人一樣，兩者乍看之下截然不同，卻在「對愛匱乏」上如出一轍。

關於了解自我的兩條路也是，不論從敏感、受過傷的內心出發，還是從愛惜、呵護自己的角度出發，兩種方式都可以充分了解自我，而且兩條路遲早會相遇。因為當你選擇第一條路充分哀悼完傷痛以後，就會產生內在肯定、愛意、意志力，並從此踏上幸福之路；若你走上第二條路選擇尊重並在乎內在需求，從正面角度出發，留在潛意識裡的傷痛也會不時浮出，進而達到治癒的效果。只是出發點不同而已，這兩條路最終都是必經之路。

許多人一聽說我要去濟州島演講，都會露出羨慕之情，但其實濟州島對我來說，除了路邊的椰子樹以外，就是個和韓國其他地區沒有多大差別的城市，尤其搭計程車前往演講場地時，路上的風景和其他城市沒有任何不同。每次演講完，我也只一心想著要盡快回家顧小孩、做家事，所以經常都是訂最早的班機返家。去濟州島多次，但我從未去過海邊，也沒吃過赫赫有名的黑豬肉料理，甚至就連濟州島必吃的紫菜飯捲都沒吃過（後來才曉得原來機場二樓就有餐廳）。

於是我下定決心要好好犒賞自己一下，倘若哪天又有機會去濟州島時，一定要送自己一份禮物，坐在可以遠眺一望無際海景的飯店窗邊，吃一頓飯、喝杯調酒，好好欣賞美景。

對我來說，一直都視飯店為現代版的「宮殿」，像是童話故事裡的王子與公主會出現的地方，總覺得一點也不適合自己，那是屬於有錢人或大人物才會出入的場所，簡單來說，就是離我非常遙遠的世界。我履行對自己的承諾那天，我看著迷人海景，喝著朝思暮想的莫西多（Mojito）雞尾酒，再享用一頓豪華美味的餐點，吃飽喝足以後，我在飯店走廊上聽著舒服的海浪聲，享受了一段幸福時光。而這一切的代價竟然比我買給孩子的一件牛仔褲都還要便宜，著實讓我驚愕不已。

原來我過去對於飯店「高檔、價格高昂」的既定印象，以及深信自己是和飯店八竿子打不著邊、一點也不匹配的人，這些觀念統統都是來自我的內在傷痕與恐懼，而且純屬個人想像。與此同時，我也發現原來我一直把這樣的幻想當成事實，活得畏畏縮縮、貶低自己、瞧不起自己，當我領悟到這件事情時，眼淚就不由自主地流了下來。那天，我哭到不能自已，並對自己許下承諾，以後一定會加倍愛惜自己。

直視內心傷痕的方法

接下來是我檢視內心、遇見內在小孩以後，身心靈都如釋重負的方法。希望對各位的育兒及人生都有所幫助。

1. 用眼淚洗滌傷痕

醫學上有個專有名詞叫做「體化症」（somatoform disorder），指生理上毫無異狀，但患者卻時常感到疼痛的情況，這時就有很高的機率是罹患了體化症。心理過度壓抑會變成疾病，假如至今為止，你一直都習慣先體恤他人的心情，那麼反過來說，你就很可能經常無視自身感受、壓抑自身情緒。這時，被過度壓抑的情感會轉化為身體上的症狀，累積到再也無法壓抑時，身體就會開始到處痠痛。因此壓抑的情感一定要有管道宣洩才行。

我們可以從最近一次的悲傷開始挖掘，循序漸進地挖出過往傷痛，直到看見就連自己也早已遺忘的傷痛為止，並向其搭話才行。於是你會開始流淚，眼淚是可以洗滌傷痕的絕佳藥劑。曾經因金錢或學習而受傷的人，要從截至為止的人生中翻找出相關的創傷，替這份傷痛哀悼才行。好好大哭一場吧，沒有關係，本來就應該這麼做。

2.用大叫、吶喊送走傷痛

小時候的我，是一名非常安靜的孩子。根據國小導師轉述，當時的我在學校從未開口說過一句話，她們還一度以為我是啞巴。其實我是覺得沒有人會聽我說話，所以把所有想說的話統統吞進了肚子裡。雖然現在已經改變很多，但當時的我的確是如此。

後來我未能說出口的話在心中積累太多，已經到達瀕臨崩潰的情況。隨著我開始檢視自己的內心傷痕以後，我非常想要找個地方放聲大叫一場，將那些烙印在我心中的傷痛統統喊掉。我曾經罹患恐慌症，神奇的是，每次只要大吼完，呼吸就會變得順暢，內心也像如釋重負般豁然開朗。

3.用捶打東西消除憤怒

在我們兒時經歷的諸多傷痛當中，關乎金錢的創傷其實占了滿高的比例。就如同馬斯洛的「需求層次理論」中提及到，人類最基本的需求是生存，也就是關於糊口的生理問題。假如父母因生計問題而把小孩交由其他家人代為照顧，那麼孩子就很容易把「因為沒錢而拋下我（送去奶奶家）」的這股憤怒投射在金錢上，在潛意識中排斥金錢。於是等這孩子長大以後，也很容易發生存不到錢、全數花光的情形。

電影《二十世紀的她們》（*20th Century Women*）中，有一幕是主角和朋友們一同在心理諮商師母親的指導下，進行心理治療的場面。那個方法讓我印象非常深刻——因為那也是我個人經常使用的方法——先準備幾張報紙，將其捲成長條型，用膠帶黏緊，然後用這根報紙捲成的棍棒使勁捶打棉被或枕頭，藉此洩憤。

老是懷抱著那些憤怒，很容易在無意間傷害或攻擊對方，也很可能反過來攻擊自己。因此，憤怒的情緒同樣也不要過度壓抑，要找到適當的管道宣洩才行——前提是在安全的地方用安全的方式進行，不傷及他人即可。

4. 如實顯現身體反應

較深的傷口不會因為一次直視就完全治癒，不論是兒時還是長大之後經歷的傷，只要每次想起就會流淚心痛的話，那種傷就需要經過反覆多次的面對，使其自然流逝才行。

以我來說，隨著先生多次經商失敗、家裡積欠的債務愈來愈多，先生能夠支付的家庭費用也愈來愈少，於是終於面臨到我的收入將決定家庭經濟狀況的那一刻。但是不論我怎麼工作賺錢，我的工作性質仍屬於不穩定收入，所以一直像是抱著一顆不定時炸彈，日子每天都過得戰戰兢兢。在某個眼淚已經乾枯，再也無力吶喊、捶打棉被的日子，我突然想起曾在某本心理學書籍裡閱讀到的內容，於是決定嘗試讓自己的焦慮通過身體流出。

於是，我開始全身發抖，從頭到腳、手臂、身軀，都像產生痙攣一樣不停顫抖。更令人驚訝的是，自那天起，我就不再對金錢有那麼多的焦慮了，取而代之的是，我相信只要我需要的東西，最終都會來到我身邊。

5. 愛自己

只要純粹愛惜自己即可，把自己喜歡、開心、覺得有趣的東西帶給自己；珍惜自己、寶貝自己、多替自己著想就好。至少從現在起，多問自己喜歡什麼、想做什麼、對什麼事情感興趣，並身體力行。假如洞察內心傷痕是靠治療「潛意識」進行的話，那麼去做自己喜歡的事物就是「有意識」的治癒方法。

「愛」其實是一件很容易的事，想要親手做一頓飯給心愛的人吃、希望他們不會餓著、想給他們吃更有營養的食物、想要帶他們去看美麗景色等，這些都屬於愛的表現；換言之，**愛自己就是願意投資時間、金錢、精力和心力在自己身上。**

過去疏於照顧自己、不斷壓抑自身情緒的人，應該會對於「愛自己」一事感到困難，因為從未認真思考過自己喜歡什麼、想做什麼，但是就如同洞察自己的內心一樣，愛自己同樣也是透過不斷的自問自答，就能更了解自己。所以不妨試著問自己，想要什麼、想做什麼、想吃什麼吧。

我們都是搖擺不定、待開的花朵

養育三個孩子的那段時光，是一趟充滿曲折的旅程。我感覺到，假如我不去仔細探究內在狀態，應該難以持續前進，於是在過去五年期間，我開始覺察自己的內心狀態。

然而，覺察自己這件事情其實並不簡單，那段時期還剛好碰上孩子們的青春期，導致探索內心之旅變得更為艱難。我為了將漠視已久的情感和需求挖掘出來，有時會忽略掉孩子，反覆發作的身體疼痛也使我搖擺不定，扛在肩膀上的經濟重擔也壓得我喘不過氣，常常感覺隨時都有可能跌坐在地，絕望無比。有時還會因為剛好所有事情重疊在一起，使我瀕臨崩潰邊緣，但是偶爾又有一些開心到快要升天的日子，彷彿是老天在補償我一路走來的辛勞。

於是就這樣一路跌跌撞撞，起身又再度跌倒，搞得我狼狽不堪。我有很多時候會害怕從此一蹶不振，或者羨慕那些看似擁有一切的人。我羨慕那些遇到好老公，只要專心顧小孩的人；也羨慕含著金湯匙出生，不用工作也能順利過生活的人；還羨慕那些履歷漂亮、前程似錦的人。無數個夜晚，我都拋不開「原來世界上只有我這麼辛苦」的念頭。

然而，這些念頭終究改變不了現實，因為我愈這樣想就愈覺得自己的處境悲慘，愈陷入自憐自艾的情緒當中。我理解到，假如不去接受自己和那些人「面前的跑道生來就不同」的事實，就會陷入在情緒迴圈裡，永遠無法跳脫出來。我當時是抱持著「但願這條路不是死路」的死馬當活馬醫心態，一步一步小心翼翼地邁開步伐，如履薄冰。就如同卓別林（Charles Chaplin）的名言：「人生近看是悲劇，遠看是喜劇」，我的人生同樣是悲喜交加。

孩子們還小時，我原以為是父母養育小孩，但是等孩子日漸長大才發現，原來在養育他們的歲月裡，自己可以學到的更多，而有所成長的我，又影響了他們的長成，彼此一直是一起成長的夥伴。除此之外，我也發現雖然人生一路走來搖擺不斷，但並不會因此連根拔起，反而會更用力向下紮根，只要邊搖擺邊向前走就好，因為我們每個人都是搖擺不定、待開的花朵。

最後，我想要介紹一首很喜歡的詩給各位。這首詩的最後一句話，給了我難以言喻的莫大安慰，期盼你也能有同樣的感受。

孩子

卡里・紀伯倫（Kahlil Gibran）

你的孩子不是你的，
他們是「生命」的子女，是生命自身的渴望。
他們經你而生，但非出自於你，
他們雖然和你在一起，卻不屬於你。
你可以給他們愛，但別把你的思想也給他們，
因為他們有自己的思想。
你的房子可以供他們安身，但無法讓他們的靈魂安住，

因為他們的靈魂住在明日之屋，
那裡你去不了，哪怕是在夢中。
你可以勉強自己變得像他們，但不要想讓他們變得像你。
因為生命不會倒退，也不會駐足於昨日。

你好比一把弓，
孩子是從你身上射出的生命之箭。
弓箭手看見無窮路徑上的箭靶，
於是祂大力拉彎你這把弓，希望祂的箭能射得又快又遠。

欣然屈服在神的手中吧，
因為祂既愛那疾飛的箭，
也愛那穩定的弓。

母親的功課 ⑩

自己要最清楚自己的內心

小時候看過一部卡通《小甜甜》，主題曲有句歌詞是「雖然獨自一人的時候有點孤單，但是這時候，只要和鏡子裡的自己說話就好」，我很好奇作詞家是怎麼知道「和自己說話」這個方法，真的對於治癒自己和讓自己幸福是有幫助的。

試著和鏡子裡的自己對話吧！對話就是溝通，和自己對話等於嘗試和自己溝通。良好的溝通，就能達到理解、原諒、相愛、幸福的境界。千萬別認為世界上都沒有懂妳的人，和自己先溝通看看吧！

「今天過得怎麼樣？心情如何？為什麼難過？是喔？原來有這種事？原來如此，真的喔？沒關係，那不是妳的錯，妳全力以赴了不是嗎？沒有關係，任誰都會犯錯。妳一定能成功的，愛妳喔！」

結語
父母的功課完成時，孩子的學習才會見效

孩子會看著父母的背影長大，這在育兒路上是永恆不變的真理。在寶貝孩子經歷青春期、長成獨立個體以前，家長要給予他們的最後一份愛是「父母的成長」。此時，父母一定要先洞察自己的內心，準備放手讓孩子獨立，重新檢視自己是否用錯誤的框架和判斷，限制孩子的成長空間，使他們感到窒息。身為父母，一定要成長到能夠放手讓孩子自己掌握人生主導權和決定權的程度才行。

若要能同理孩子的感受、和孩子進行溝通，就必須先了解自己，因為能理解自己多少，就能理解別人多少，就跟「愛自己的人也懂得愛別人」是一樣的道理。我們每個人終究都是為愛而生，為此就必須懂得愛自己、洞察自己。

假如已經下定決心要重新檢視自己的內心，那麼就可以選擇一段期間著手進行。如果是透過創傷來回顧自己，有時會耗掉許多能量，也很可能會被自己的情緒包圍，導致難以顧及

周遭的事物。因此如果是正在養育嬰兒的母親，就需要衡量一下自己的情況，再決定以自身內在成長為優先，還是以育兒為優先。

其實不論以何者為優先都無所謂，因為這兩者並不是分開的，何時開始、用什麼方式進行都是個人的選擇。只要以更迫切、更需要、更渴望的選項開始即可，畢竟每個人生性不同、生長背景不同、身處情況也不同，所以沒有正確解答。只要站在自己的立場，相信自己的選擇、感覺、意志，一步一步向前走即可。

選擇總是在五十一比四十九之間來回，假如明確知道哪個決定對自己有利，那就不叫「選擇」，而是「確信」。選擇本就具有猶豫不決的屬性，選擇自己內心更傾向的一方即可。選好以後就直直向前走吧。我們之所以會老是徘徊在選項之間，就是因為預想到萬一選擇失敗的情形，使自己心生恐懼。

但其實世上根本不存在沒有失敗的成功，自己也不會因為一次失敗就澈底毀掉，所以只要做好決定往前走就對了。決定好以後所經歷的時間和領悟，都會成為我們的資產，所以毋須感到害怕。

當然，內在旅行也有例外情形，對人生無憂無慮、對現況也心滿意足的人，自然不需要洞察內心。但是如果內心一隅是感到空虛、寂寞的人，或者不曉得自己喜歡什麼、想做什麼的人，不妨試著好好觀察自己的內在。假如希望孩子幸福，自己就一定要先幸福。父母的功課完成時，孩子的學習也才會見效。

父母能給予寶貝子女的
最後一份愛是「自身的成長」。

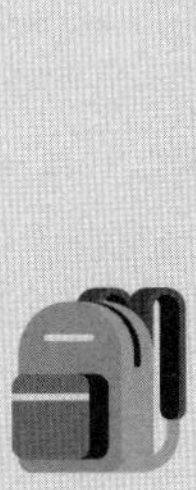

family field
親子田 親子田系列 047

愛孩子之前，先練習愛自己

當父母的內在成長，孩子的學習也會突飛猛進

엄마 공부가 끝나면 아이 공부는 시작된다 : 세 아이를 영재로 키워낸 엄마의 성장 고백서

作　　者　徐安廷
譯　　者　尹嘉玄
總 編 輯　何玉美
責任編輯　洪尚鈴
封面設計　楊雅屏
內頁排版　theBAND · 變設計— Ada

出版發行　采實文化事業股份有限公司
行銷企劃　陳佩宜 · 黃于庭 · 蔡雨庭 · 陳豫萱 · 黃安汝
業務發行　張世明 · 林踏欣 · 林坤蓉 · 王貞玉 · 張惠屏
國際版權　王俐雯 · 林冠妤
印務採購　曾玉霞
會計行政　王雅蕙 · 李韶婉 · 簡佩鈺
法律顧問　第一國際法律事務所　余淑杏律師
電子信箱　acme@acmebook.com.tw
采實官網　www.acmebook.com.tw
采實臉書　www.facebook.com/acmebook01

I S B N　978-986-507-456-2
定　　價　350 元
初版一刷　2021 年 09 月
劃撥帳號　50148859
劃撥戶名　采實文化事業股份有限公司
104 台北市中山區南京東路二段 95 號 9 樓
電話：(02)2511-9798　傳真：(02)2571-3298

國家圖書館出版品預行編目資料

愛孩子之前，先練習愛自己：當父母的內在成長，孩子的學習也會突飛猛進 / 徐安廷著；尹嘉玄譯. -- 初版. -- 臺北市：采實文化事業股份有限公司，2021.09
面；　公分. -- (親子田系列；47)
譯自：엄마 공부가 끝나면 아이 공부는 시작된다
ISBN 978-986-507-456-2(平裝)

1. 親職教育 2. 母親 3. 育兒
528.2　110009709

family field
親子田

family field
親子田

family field
親子田

family field
親子田